AF319834

PROCÈS

DE M. LE COMTE

DURAND DE LINOIS,

CONTRE-AMIRAL

ET

DE MONSIEUR LE BARON

BOYER DE PEYRELEAU

ADJUDANT-COMMANDANT.

Accusés de Désobéissance, de Rebellion ; mis en jugement devant le 1er Conseil de guerre de la 1re division militaire, avec le Jugement et précédé d'une

NOTICE BIOGRAPHIQUE SUR SES OFFICIERS

ORNÉE DE LEURS PORTRAITS.

A PARIS,

CHEZ
{
S. C. L'HUILLIER, Libraire, rue des Maçons-Sorbonne, n° 1.
PILET, Imprimeur-Libraire, rue Christine, n° 10.
DELAUNAY, Libraire, au Palais Royal.
}

1816.

DE L'IMPRIMERIE DE Mme Ve JEUNEHOMME

RUE HAUTEFEUILLE, N° 20.

NOTICE

SUR

M. DE LINOIS.

CHARLES-ANTOINE-LÉON DURAND, comte de LINOIS est né à Brest, le 23 janvier 1757. Sa famille était connue par plusieurs services militaires ; un de ses grands oncles avait été tué à la bataille de Malplaquet. Un de ses frères est mort à la Martinique en combattant pour le roi. Entré dans la marine en 1776, il parvint de grade en grade jusqu'à celui de lieutenant de vaisseau qui lui fut conféré en 1790. C'est en cette qualité qu'il fut envoyé dans les mers des Indes. Il dut à cette mission le bonheur de n'être pas présent aux scènes désastreuses qui ont signalé les commencemens de la révolution. Il revint en 1794, lorsque la lassitude du mal semblait promettre à la France des jours moins orageux et une paix qui était encore si loin d'elle.

M. de Linois fut nommé capitaine de vaisseau en 1795, et contre-amiral en 1797.

En 1794, il commandait la frégate l'*Attala*, lorsqu'elle fut attaquée par un vaisseau de 74. M. de Linois n'amena son pavillon qu'après un combat de sept quarts d'heure, et lorsque la frégate avait déjà cinq pieds d'eau dans sa calle.

.Commandant une escadre de trois vaisseaux de ligne et une frégate, il livra un combat terrible à une escadre anglaise composée de six vaisseaux de ligne, deux frégates et un brick. Il parvint à prendre deux vaisseaux ennemis, au nombre desquels était le vaisseau amiral. Ce fut à la suite de ce combat, qu'avec deux vaisseaux et une frégate, il démasqua toute la flotte anglaise.

Après la fameuse expédition des Indes, poursuivi par des forces supérieures, il fut fait prisonnier et conduit en Angleterre où il resta pendant dix ans sur parole.

Là, il fut lié avec tous les émigrés français; son admission dans leurs sociétés les plus intimes, prouve qu'à cette époque même, les sentimens de M. de Linois étaient honorables et devançaient les événemens.

Il fut long-temps oublié sur cette terre étrangère par l'homme qui n'avait pas encore appris à pardonner dans ses serviteurs le malheur d'avoir été trahi par la victoire. M. de Linois, enfin échangé en 1814, se rendait en France par Portsmouth, lorsqu'il apprit que Louis xviii était rendu à la France. Six mille officiers français étaient alors prisonniers comme lui dans cette ville. M. de Linois leur fait part de cet événement; il les trouve incrédules; il les exhorte, et parvient à leur faire crier *vive le roi!* et à leur faire échanger leurs cocardes tricolores pour des cocardes blanches.

Dans la même année, M. le contre-amiral Linois a été nommé au gouvernement de la Guadeloupe.

NOTICE

SUR

M. BOYER.

Eugène-Édouard Boyer est né à Allais, département du Gard, en 1776. Ses parens qui jouissaient d'une aisance voisine de la fortune, le firent élever avec soin. Il allait entrer dans le barreau, lorsque la révolution, qui a disposé de tant de destinées et renversé tant de projets, vint donner au jeune Boyer une autre carrière que celle dont il avait fait choix.

La réquisition l'enleva en l'an 4, à ses études et à sa famille.

A cette époque, l'armée française avait déjà triomphé des efforts de la coalition de plusieurs puissances de l'Europe. Le prestige de ses victoires devait enflammer des jeunes gens à qui la gloire militaire n'avait point encore montré ses déceptions et ses fausses vanités. Le jeune Boyer ne tarda pas à éprouver cette séduction, et l'armée compta dans ses rangs un brave de plus. Boyer fit

toutes les campagnes d'Italie, dans le 9ᵉ régiment
de dragons. Il parvint successivement jusqu'au
grade de capitaine, et il est remarquable que toutes
les distinctions dont il a été l'objet, il les a reçues
sur le champ de bataille.

En 1802, l'amiral Villaret-Joyeuse connut Boyer,
et désira se l'attacher en qualité d'aide-de-camp. Le
jeune militaire ne fut point insensible à cette faveur;
il s'en montra digne par son intelligence et sa bra-
voure.

Il partit vers la fin de 1802 pour la Martinique,
avec son nouveau chef, qui était nommé capitaine-
général de cette colonie.

En 1805, l'amiral le chargea d'une expédition
qui demandait de la prudence, du sang froid et
de l'intrépidité; il s'agissait de reprendre aux Anglais le fort *du Diamant*, dont ils s'étaient em-
parés. Boyer remplit cette mission avec un succès
complet. Les rapports officiels qui furent publiés
à cette occasion lui donnèrent les éloges les plus
glorieux et les mieux mérités.

Mais déjà les Anglais méditaient la conquête de
la Martinique. En 1809, leurs vaisseaux de guerre
se montrèrent dans ces parages, et y portèrent
des forces considérables. L'île fut investie, les
débarquemens s'opérèrent sur plusieurs points, et
bientôt l'on put prévoir l'issue de cette lutte du
nombre contre le courage. Toutefois, la victoire
coûta cher aux vainqueurs. Boyer les battit en
plusieurs rencontres, et partout il fit preuve de la
plus brillante valeur.

Les événemens qui suivirent la prise de la Martinique sont connus. L'amiral Villaret-Joyeuse fut
l'objet des persécutions d'un homme pour qui le
malheur était un crime, et d'un ministre dont l'im-
péritie redoutait et voulait écarter la supériorité

d'un marin non moins connu par ses exploits que par ses talens en administration.

Compagnon des disgrâces de l'amiral Villaret, Boyer lui montra un intérêt et une fidélité inébranlables.

Envoyé à l'armée du Nord, où déjà il se faisait remarquer, il sacrifia à la reconnaissance ses espérances d'avancement, et vint retrouver et défendre son chef et son ami, contre lequel on dirigeait des accusations. Quelque temps après, il sollicita et obtint la faveur de partager l'exil dont on paya ses services.

En 1811, l'amiral Villaret fut nommé gouverneur de Venise, et Boyer l'y accompagna; mais il fut forcé de s'en séparer encore, et des ordres l'envoyèrent à l'armée qui se portait en Russie.

Il fit toute cette mémorable et funeste campagne sous les ordres du maréchal duc de Dautzick, qui trouva plus d'une occasion de lui donner des éloges, et d'en adresser pour lui au gouvernement.

Echappé aux désastres qui avaient dévoré la plus grande partie de l'armée française, Boyer continua la campagne en Allemagne. Il servait alors dans la cavalerie légère du général Latour-Maubourg. A cette même époque, il passa sous les ordres particuliers du général en chef comte de Lauriston, qui, plus tard, devait remplir à son égard de pénibles et douloureuses fonctions.

Rentré avec l'armée, Boyer qui avait mérité et obtenu le grade de colonel, fit la campagne de 1814 dans le corps du maréchal duc de Bellune.

Lorsque les événemens eurent rendu à la France son souverain légitime, Boyer obtint sa part des faveurs du monarque; il fut créé chevalier de SaintLouis, et envoyé à la Guadeloupe avec le titre de commandant en second de cette colonie, dont l'amiral Linois fut nommé gouverneur.

Nous n'entrerons pas dans le détail de ce qui s'est passé à la Guadeloupe pendant le temps que Boyer y a commandé. Le procès dont nous allons retracer toutes les pièces, instruira suffisamment le lecteur sur cette époque fatale où un militaire français, jusqu'alors irréprochable, oublia en un jour ses devoirs, ses sermens et sa gloire; mais avant d'avoir à peindre ce terrible moment, qu'il nous soit permis d'esquisser les derniers traits qui complètent la vie de Boyer.

Nous l'avons vu militaire brave et instruit se faire un nom remarquable au milieu de la première armée du monde. Sa conduite envers l'amiral Villaret n'est pas moins noble. Fidèle à l'amitié, les malheurs de son chef semblent l'attacher davantage à lui; et pour achever dignement l'éloge de sa vie, jusqu'au jour funeste où il se rendit coupable, nous emprunterons les expressions de M. le comte de Sesmaisons, rapporteur de son procès.

« Oui, messieurs, il fut un temps où M. Boyer honorait le caractère français, non seulement par ses talens, comme le dit son défenseur, mais encore par ses vertus. On lui a fait un juste titre à l'estime de son attachement pour l'amiral Villaret. Il fut alors fidèle et fidèle à l'infortune, quand cet amiral fut poursuivi par la haine de Bonaparte; et les colonies lui avaient alors voué, pour cette conduite, une estime et une confiance......... qu'hélas ! il n'a pas employé pour conserver la Guadeloupe au roi. »

Le Contre Amiral Linois.

L'adjudant Commandant Boyer

PROCÈS

DU

CONTRE-AMIRAL

LINOIS

ET

DE L'ADJUDANT-COMMANDANT

BOYER.

Le 6 mars le conseil de guerre permanent de la première division militaire, réuni dans la salle de la cour d'assises, a commencé l'instruction du procès de MM. l'amiral Linois et le colonel Boyer. Les dispositions avaient été faites pour que l'enceinte du parquet ne fût occupée que par les personnes qui auraient obtenu des billets d'entrée, et la police la plus exacte fut maintenue dans l'intérieur de la salle.

A onze heures, le conseil, composé de M. le comte Lauriston ; de MM. les lieutenans-généraux, comtes Bordesoult, Claparède et Dijeon ; de MM. les maréchaux-de-camp Montesquiou, Montbrun et d'Aboville, est entré dans la salle. M. de Sesmaisons faisait les fonctions de rapporteur, et M. Sartelon celles de procureur du roi.

M. le président, avant de s'asseoir, a parlé en ces termes :

Le conseil de guerre permanent de la première division militaire, convoqué pour juger M. le contre-amiral Linois et M. le colonel Boyer, est assemblé. La séance est ouverte. J'invite le public à observer le silence le plus profond. M. le rapporteur va donner lecture des pièces de la procédure.

M. le rapporteur commence cette lecture par un rapport du ministre de la marine à S. M. Ce rapport est ainsi conçu :

Rapport au roi.

Sire :

Le 24 mars 1815, M. le comte de la Châtre, ambassadeur de France en Angleterre, transmet à M. le contre-amiral Linois l'ordre de conserver l'île de la Guadeloupe à S. M., par tous les moyens qui sont en son pouvoir.

Le 2 mai, le contre-amiral Linois en accuse la réception, et proteste de sa fidélité et de son dévouement à S. M.

Le 18 juin, M. le colonel Boyer, commandant en second le poste de la Pointe-à-Pitre, à la Basse-Terre, fait battre la générale, arbore le pavillon de l'usurpateur, se met en révolte contre son chef, se porte avec la troupe au gouvernement, et donne l'ordre d'arrêter les principaux administrateurs de la colonie.

Le 19 juin, le contre-amiral Linois, oubliant ses devoirs et ses promesses, publie une proclamation au nom de l'usurpateur, et se range sous ses bannières.

Le même soir, il refuse les secours que lui offre l'amiral Durham, de concert avec M. le comte de Vaugiraud, pour le maintien de l'autorité royale.

Le 29 juin, M. le gouverneur-général prononce la destitution du contre-amiral Linois et du colonel Boyer. Son autorité est méconnue; et le 8 juillet, le contre-amiral Linois fait insérer, dans la gazette de la colonie, une proclamation contre son chef.

Il résulte de ces faits que le colonel Boyer s'est rendu le 18 juin, coupable de rébellion contre son chef, M. le contre-amiral Linois; qu'après une courte hésitation, ce dernier s'est déclaré le chef de la révolte; qu'au mépris de ses devoirs et de ses sermens, il a reconnu et forcé les habitans de reconnaître l'autorité de l'usurpateur dont il a arboré, et fait arborer les signes et les couleurs.

Enfin, le contre-amiral Linois a, par les actes publics et par sa proclamation, proscrit les plus fidèles sujets du Roi.

Je propose à V. M. de renvoyer le contre-amiral Linois et le colonel Boyer pardevant un conseil de guerre, pour y être jugé conformément aux lois militaires et ordonnances du roi, comme prévenu d'insubordination, de révolte et de désobéissance.

Et je prie V. M. de signer le projet d'ordonnance que j'ai fait rédiger à cet effet.

Signé, DU BOUCHAGE.

On lit ensuite l'ordonnance suivante :

LOUIS, etc.

Considérant que les couleurs de la rébellion ont été arborées à la Guadeloupe depuis le 18 juin 1815 jusqu'au 10 août suivant, époque de la reddition de la colonie aux forces de S. M. britannique ;

Que le contre-amiral comte Durand de Linois, alors gouverneur, et l'adjudant-commandant baron Boyer de Peyreleau

alors commandant en second à la Guadeloupe , sont prévenus de s'être rendus coupables dans cet intervalle de crimes
prévus par le Code pénal militaire ;

Vu d'ailleurs la demande faite par le comte Durand de
Linois, d'être traduit devant un conseil de guerre chargé
d'examiner sa conduite ;

Sur le rapport de notre ministre secrétaire-d'état de la
marine et des colonies ;

Nous avons ordonné et ordonnons :

Art. 1er Le conseil permanent de la 1re division militaire
est chargé de connaître de la conduite qui a été tenue du 18
juin au 10 août 1815, à la Guadeloupe, par le contre-amiral comte Durand de Linois, ci-devant gouverneur de cette
colonie (où il était général en chef) et par l'adjudant-commandant baron Boyer de Peyreleau, ci-devant commandant en second de la même île.

2. Notre ministre secrétaire-d'état de la marine et des colonies est chargé de l'exécution de la présente ordonnance.

Il se concertera à cet effet avec notre ministre secrétaire-
d'état de la guerre.

Donné à Paris, le 29 décembre 1816, de notre règne le
vingt-unième.

Signé, LOUIS.

Signé, le vicomte DUBOUCHAGE.

On donne ensuite lecture :

1° D'une lettre par laquelle le ministre de la guerre met à
la disposition de celui de la marine les officiers-généraux qui
doivent composer le conseil de guerre ; 2° Enfin plusieurs
autres pièces relatives à la formation de ce conseil.

L'instruction préparatoire devant occuper toute la séance,
le président invite les témoins à se retirer et à revenir demain à dix heures précises.

M. le rapporteur fait observer qu'un grand nombre de

pièces contenant les mêmes détails , il propose au conseil , pour abréger l'instruction, de ne lire de chacune
que les extraits qui pourront servir à éclairer l'affaire. —
MM. les défenseurs , dit-il , ont eu connaissance de ces
pièces. Je les invite à me rappeler celles qui leur sem-
bleraient dans l'intérêt de leur client, et que j'omettrais
involontairement de produire.

La première liasse qu'il ouvre contient cinq lettres de
l'amiral Linois à M. le comte de la Châtre.

La première lettre datée de Basse-Terre, du 5 mai ,
renferme le passage suivant :

« Je serai fidèle à mon roi, au serment que je lui ai
prêté, et que je lui renouvelle ; je ne négligerai rien
pour maintenir dans les mêmes sentimens les habitans de
la colonie, dont le commandement m'est confié; et si le
courage de la garnison et des habitans devait être mis à
l'épreuve, il le ferait sans hésiter ».

Dans une autre lettre écrite, le 22 mars , il s'exprime
ainsi :

« J'ai la satisfaction d'annoncer à V. Exc. que jusqu'ici
l'île de la Guadeloupe a joui d'une parfaite tranquillité. Je
ne vous dissimulerai pas cependant que je n'ai obtenu ce
résultat heureux qu'avec la plus grande peine. Dans un pays
qui a ressenti si vivement les secousses de la révolution , et
où le climat semble porter les hommes à l'effervescence ,
les moindres événemens peuvent donner lieu à des rumeurs dont on ne pourrait calculer les suites , si une main
ferme ne les contenait dans le principe. L'apparition
de l'escadre anglaise avait excité beaucoup d'inquiétude ;
car, dans ce pays , on est bon français, et on ne redoute
rien plus que la domination de l'étranger. Cependant
les mesures que j'ai prises pour mettre l'île en état de défense ont rassuré tous les esprits. »

Suivent quelques détails administratifs. La lettre finit ainsi :

« Tel est l'état de la colonie que S. M. m'a confiée. Je vous prie, M. le comte, de l'assurer de ma fidélité, de mon amour, et de lui transmettre la promesse que je fais de mourir dans les mêmes sentimens. »

On lit une lettre du 2 juin 1815, encore à M. le comte de la Châtre; elle contient les passages suivans : M. le comte, j'ai eu l'honneur de faire connaître à Votre Excellence la situation de la colonie. Le capitaine Anglais Jamelex m'a fait offrir de la meilleure grâce du monde de faire garder l'île par des troupes anglaises, en me laissaut la disposition des forts, et me disant que bien que ces troupes fussent sous commandement français, elles seraien t payées et entretenues par S. M. Britannique. Quelques désintéressées que m'aient paru ces propositions, je n'ai pas cru devoir les accepter, et j'ai fait répondre au capitaine Jamelex que les ordres de S. M. me prescrivaient de n'admettre aucune troupe étrangère dans l'île, sans un ordre signé de son seing, et contresigné par M. le gouverneur-général comte de Vaugiraud.

Je n'ai point encore eu la réponse du capitaine anglais; mais je crois avoir déployé dans cette affaire un caractère qui me fait honneur à ses yeux: celui d'un chef qui ne connaît que la fidélité qu'il doit à son roi, qui ne compose point avec ses sermens, et qui place son honneur dans la stricte observance de son devoir.

J'ai l'honneur d'envoyer ci-joint, à V. Exc., la proclamation que j'ai cru devoir publier à cette occasion pour raffermir les habitans dans les sentimens qu'ils devaient à S. M.

On lit la proclamation, qui est entièrement dans le

sens des intérêts du roi ; on y remarque les phrases suivantes :

« Les opinions sont la propriété de chacun ; mais la conduite de tous appartient à l'état.

» Nous n'avons rien négligé pour assurer à la colonie tous les avantages du commerce ; ses ports ont été ouverts aux vaisseaux de toutes les nations ; et les marchandises ont été affranchies de tous droits. Jouissons de ces avantages en paix ; ne nous portons à aucun excès dont nous puissions rougir un jour. Tenons-nous toujours unis autour du drapeau sans tache que le roi nous a donné et que nous avons juré de défendre ; nos sermens, l'honneur, le devoir, et même nos intérêts les plus chers nous attachent à jamais au meilleur des rois.

» Lorsque ce monarque chéri nous nomma pour gouverner la colonie, nous jurâmes de la lui conserver ; ses malheurs ne font que nous rendre nos sermens plus sacrés. »

M. le rapporteur lit une autre pièce dont la suscription porte :

« Le contre-amiral Linois, gouverneur pour S. M. I. de la colonie française la Guadeloupe, comte de l'empire, officier de la légion d'Honneur,

A Monseigneur le duc Decrés, ministre de la marine et des colonies. »

Cette lettre, qui contient la nouvelle de la prise, par les Anglais, de l'île de Marie-Galande, finit ainsi :

« Les habitans, à la très grande majorité, sont animés du meilleur esprit, *principalement les gens de couleur* ; tous promettent de se rallier autour du drapeau qui a fait pendant vingt ans la gloire des armées françaises. Je pense que les Anglais respecteront notre intention de dé-

fendre jusqu'à la mort les couleurs que nous avons arborées avec tant d'enthousiasme ».

Suit une lettre de M. le contre-amiral Linois au ministre de la marine *pour le roi*. Cette lettre est écrite en rade
de Portsmouth, le 18 octobre 1815; elle est ainsi conçue :

« Monseigneur, je prie V. Exc. d'obtenir de S. M. que
je sois traduit devant un conseil de guerre pour y être
jugé sur les faits de trahison qui me sont imputés. Des
hommes ont abusé sans doute des circonstances difficiles
où je me suis trouvé placé pour m'accuser d'avoir man-
qué au roi et à l'honneur. Croyez, monseigneur, que
je n'ai pas suivi pendant quarante ans une carrière glo-
rieuse, et reçu d'honorables blessures, pour tenir une
conduite si indigne ; j'ai vécu, et je mourrai dans les sentimens d'amour et de respect que je porte au meilleur des
rois, autant par devoir que par reconnaissance. J'espère,
par votre puissante protection, voir accélerer l'instruction
de mon procès, qui mettra un terme à l'incertitude de
mon sort, aux angoisses de ma famille et des personnes
qui s'intéressent à moi. »

M. le rapporteur ouvre la seconde liasse, qui se compose
de plusieurs lettres écrites par M. de Guilhermy, intendant
de la Guadeloupe, à M. le comte de Blacas, et à Sa
Majesté.

Par la première, M. de Guilhermy informe M. de Blacas,
que la cocarde tricolore a été arborée dans l'île. M. le gouverneur, dit-il, s'est rendu lui-même au corps-de-garde
lorsque le mouvement a éclaté ; il a levé le poste parce
qu'il ne pouvait pas compter sur les soldats qui le composaient.

Cette lettre finit ainsi : j'ai vu le gouverneur, il est fort
bien, certainement fort bien, mais un peu trop incertain
pour les mesures à prendre, et nous en serons les victimes.

Une autre lettre de M. de Guilhermy au roi contient ce qui suit :

Sire, le pavillon rébelle flotte dans les deux villes de la colonie, dont V. M. m'a confié l'administration.

C'est le sieur Boyer commandant en second qui a exécuté ce mouvement, il a gagné les officiers et les soldats, a fait arrêter le gouverneur, a destitué les fonctionnaires dont il se défiait, les a remplacés. Je n'ai dû ma liberté qu'au respect qu'inspirait encore l'autorité que j'avais exercée. — Une autre lettre du même, en date du 19 juin, ajoute les détails suivans. Le sieur Boyer a commencé sa révolution avant hier samedi à la Pointe-à-Pitre, à 7 heures du matin, et l'a achevée dans la nuit du samedi au dimanche à la Basse-Terre. Je vais à la Basse-Terre, on dit que tout y est en armes, le gouverneur se conduit parfaitement bien à son indécision près. Par une lettre du 20 juin, M. de Guilhermy annonce à M. de Blacas la défection de l'amiral Linois.

« Monseigneur, celui avec lequel je m'étais raccommodé bien sincèrement, dans l'unique vue de faire cesser une mésintelligence qui pouvait nuire aux intérêts du roi, vient de lever tout à fait le masque ; il s'est réuni aux rebelles, et ils ont poussé la hardiesse au point de me proposer de continuer avec eux mon intendance ; c'est le dernier affront qu'ils pouvaient me faire, et je ne leur pardonnerai jamais. Ici, M. de Guilhermy donne le détail de tout ce qu'il a fait pour tâcher de rallier quelques moyens de résister aux rebelles. Nous manquons d'armes, dit-il ; si les Anglais voulaient nous en fournir, peut-être pourrions-nous opérer avec succès contre eux. »

Il transmet par cette lettre, une proclamation que l'amiral Linois a publiée. En voici le contenu :

DE PAR L'EMPEREUR.

Proclamation.

Militaires, gardes nationales, habitans de la Guadeloupe,

La renommée avait déjà porté jusqu'à nous la nouvelle du retour en France de Napoléon, dans sa marche triomphale du golfe de Juan jusqu'aux Tuileries. Pas une goutte de sang n'a été répandue, pas un seul acte de rigueur exercé. L'amour du peuple et l'enthousiasme de l'armée ont tout fait. Il n'est pas aujourd'hui un seul point de la France où le pavillon tricolor ne flotte, et où l'amour de la nation ne soit unanime pour le Souverain qui lui est rendu avec tant d'éclat.

Les dépêches ministérielles que nous recevons par l'aviso l'*Agile* du gouvernement français, ne mettent pas en doute que nous et les colons se rallieront dans cette grande circonstance, à la volonté du gouvernement, pour le rétablissement de la dynastie impériale. Proclamons ce vœu, colons, militaires, et arborons tous la cocarde tricolore que vingt-cinq années de gloire ont illustrée. Ne nous séparons jamais de la grande famille, et méritons le titre glorieux de vrais Français.

Guadeloupéens et soldats, je compte sur votre loyauté, votre générosité, pour concourir avec moi au maintien de l'ordre et de la tranquillité de la colonie, et pour faire respecter religieusement les personnes, et les propriétés publiques et privées. Bannissons de nos cœurs et de nos pensées tout sentiment de haine ou de récrimination.

Tout individu qui troublerait l'ordre public sera puni avec sévérité. *Vive l'Empereur!*

Hôtel du gouvernement, Basse-Terre, le 19 juin 1815.

Le gouverneur lieutenant-général, pour S. M. de l'île Guadeloupe et dépendances, Signé, comte de LINOIS.

Cette pièce imprimée a été reconnue par M. le comte de Linois, qui l'a signée.

On produit une autre lettre de M. Guilhermy, qui écrit du fort Royal de la Martinique à M. Blacas, pour l'informer des événemens ultérieurs qui ont eu lieu à la Gouadelope. — Lorsque l'insurrection éclatait, M. le colonel Vatable, digne ami de M. Laroche-Jaquelin, montrait la fermeté la plus courageuse ; il s'opposa seul aux efforts des factieux ; et au moment même de la révolte, cassa, à la tête de sa compagnie, un capitaine de grenadiers qui voulait faire arborer les couleurs de l'usurpateur. M. Vatable n'a point démenti ce noble caractère; il a retenu pendant plusieurs jours, dans la cause du roi, un grand nombre de soldats que la défection seule du gouverneur a pu entraîner dans le parti des rebelles.

M. de Guilhermy, forcé d'abandonner la colonie, s'est retiré aux Xaintes, où il a rassemblé de suite les habitans, leur a fait renouveler le serment d'être fidèle au roi, et s'empressa de solliciter le secours des Anglais, qui le lui refusèrent, sous prétexte qu'ils n'avaient aucun ordre à égard. Cependant M. l'amiral Linois leur fit sommer plusieurs fois d'abandonner ces rochers; et sur son refus, il le fit assiéger par terre et par mer. Forcé de quitter les Saintes, M. de Guilhermy s'est retiré à la Martinique.

On lit ensuite un rapport du même magistrat, dans lequel il s'exprime ainsi au sujet du colonel Boyer.

Boyer avait assez bien réussi à capter l'estime des habitans de tous les partis. Une tournure agréable, de l'esprit, cet air de franchise naturel aux hommes de sa profession, étaient des moyens dont il se servait avec avantage pour se faire des partisans. Boyer, rempli d'ambition, voyait avec peine la supériorité de grade qu'avait sur lui M. l'amiral Linois ; il se plaignait qu'il ne pouvait adopter aucune mesure qui n'eut des résultats défavorables pour son amour propre, et il disait que commandant en second de la colonie, il n'avait pas plus d'autorité qu'un sous-lieutenant de dragons.

Il croyait que l'amiral était sincèrement attaché au roi, et c'en fut assez pour le décider à se jeter dans le parti des rebelles; dès-lors il tint plusieurs conciliabules avec les personnes qui étaient de ce parti; il y fut convenu qu'on ferait un mouvement en faveur de Bonaparte, que Boyer se rendrait à Basse-Terre, qu'il s'emparerait du gouverneur et le ferait embarquer pour la France, ainsi que tous ceux dont on avait quelque chose à craindre. Le colonel Vatable fit de vains efforts pour s'opposer à ce mouvement. Ce malheureux est resté pour être utile à la cause du roi; et pour faire un rempart de son corps à tous les honnêtes gens.

Le sieur Claro Riche, négociant et propriétaire à la Pointe à Pitre, qui s'était introduit dans la confiance de Boyer, arriva à Basse-Terre le 19 au soir, et prévint Linois de tout ce qui se passait; mais celui-ci ne fit aucune disposition pour tirer parti de cet avis.

Il est malheureux, ajoute l'auteur du rapport, que Linois ne se fût pas déclaré plus tôt pour Bonaparte, Boyer se serait jeté dans le parti du roi, et l'aurait bien servi; c'est, au reste, un tout autre homme que Linois.

On lit une autre lettre de M. de Guilhermy, en date du 11 septembre 1815, dans laquelle il annonce qu'il est de retour à la Guadeloupe depuis cinq jours; qu'il prend des informations de toutes parts pour savoir s'il a quelque chose à rectifier dans son rapport contre l'amiral Linois. mais qu'il se confirme de plus en plus dans l'opinion que cet officier-général s'est conduit comme un traître et comme un lâche.

Cependant il doit dire à sa décharge qu'il a mis beaucoup de douceur dans son administration, et qu'il n'a fait punir personne pour des opinions contraires à celles qu'il avait adoptées.

On lit une gazette de la Guadeloupe relative à la proclamation de M. Vaugiraud, comme gouverneur des Antilles. La gazette rappelle que le drapeau tricolor a été arboré.

Une circulaire est ensuite lue; elle est de M. de Linois; il parle du mouvement opéré en France.

Vient ensuite une proclamation de M. de Vaugiraud, qui destitue le comte de Linois, et tous ceux qui ont pris part à la rébellion; à moins que ces derniers ne rentrent à l'instant dans le devoir; défend le paiement des contributions à tout agent du gouvernement impérial, et ordonne à tous les militaires de rentrer sous l'étendard royal.

Une autre pièce dont on donne lecture, est un arrêté du comte Linois, qui déclare la Guadeloupe en état de siége.

Un ordre du jour appelle à se ranger sous le drapeau tricolor tous les colons depuis l'âge de 16 jusqu'à 59 ans.

Une proclamation du 5 août, signée du comte de Linois, fait connaître que l'ennemi est sur le point de tenter une invasion.

Un arrêté du même jour ordonne que tous les individus qui prendraient la cocarde blanche ou tout signe autre que ceux du gouvernement impérial, seront traduits devant des commissions militaires et condamnés à mort.

On lit une lettre du colonel Vatable du 62ᵉ régiment, adressée au ministre de la marine. Il mande que son régiment a été mis en insurrection par le général Boyer. Le logement de M. Vaugiraud était investi. Lui-même fut suspendu de ses fonctions. Le colonel trouva tous les soldats et presque tous les officiers insurgés. Il ne fut sauvé que parce que la colonie a été prise quelques jours après par les Anglais.

Une lettre de M. Shirvas, employé à la Guadeloupe, à M. le duc Decrès, et datée du 30 juin, est lue ensuite au conseil.

Il lui rend compte de la prise de cette colonie et de l'embarquement des militaires par les Anglais, qui leur ont fait éprouver toutes sortes d'avanies. Il rend compte ensuite de ce qui s'est passé. Il donne beaucoup d'éloges à la fermeté qu'a déployé M. le général Boyer, en faveur du gouvernement impérial. Cette lettre dit que le comte de Linois a résisté long-temps avant de permettre l'arboration des couleurs tricoles.

Après la lecture de beaucoup de pièces qui n'offrent pas un grand intérêt, on passe au rapport qu'a fait le capitaine de frégate chargé de porter les dépêches du gouvernement à M. de Linois.

Enfin, on lit les instructions que M. le comte de Blacas avait adressées à M. de Linois, datées de Gand, le 18 avril 1815, et qui lui imposaient l'obligation de cesser toutes communications avec les agens de l'usurpateur.

Après cette lecture, la séance est suspendue pour quelques instans.

La séance est reprise par la continuation de la lecture des pièces.

Elles se composent de rapports de M. le comte de Vaugiraud à peu près indifférentes au procès.

Le défenseur de M Boyer demande qu'on donne lecture au conseil des provisions accordées par le roi à M. de Vaugiraud.

M. le colonel rapporteur lit cette pièce.

Le conseil prend ensuite connaissance d'un rapport fait

au ministre de la marine et des colonies par le major d'un des régiments cantonnés à la Guadeloupe. Cette pièce qui est très longue comprend le récit des événemens qui ont eu lieu dans cette colonie.

Une dernière liasse contient la correspondance de M. de Linois avec sir James Leith, commandant des forces britanniques, les offres que celui-ci lui a faites, le refus de l'amiral motivé sur les ordres formels du roi; la prière d'employer tous ses moyens pour empêcher l'arrivée des bâtimens expédiés d'Europe; ses réponses à M. le comte de Vaugiraud; les lettres qu'il a reçues du colonel Boyer, et ses réponses depuis le 7 juin 1815.

Voici l'analyse de cette dernière et intéressante correspondance :

Le colonel Boyer écrit de la Pointe-à-Pitre, le 7 juin 1815, qu'il vient d'apprendre que les Anglais sont arrivés à la Martinique, et en occupent les forts et batteries, en vertu de l'arrangement avec le comte de Vaugiraud. Ces nouvelles ont produit le plus mauvais effet. Il rend compte des mesures qu'il a prises pour déjouer le complot fait, le 6 juin, à la Pointe-à-Pitre pour y arborer le drapeau tricolor. Tout le monde approuve la conduite du gouverneur.

Le 15 juin 1815, l'amiral Linois lui donne les détails connus de l'arrivée de l'*Agile*. Je ne crains pas, ajoute-t-il, qu'on connaisse ma conduite dans cette circonstance, elle est d'accord avec les principes que je n'ai jamais cessé d'énoncer, et que je sais que vous partagez bien franchement.

Le même jour, M. Boyer lui répond que la présence de l'*Agile* a fait plus de mal que la connaissance des paquets qu'elle contenait n'en eût pu faire; tout est en fermentation. La conduite arrogante des Anglais, leur *infernale* croisière animent tous les esprits, d'autant plus qu'on sait qu'ils ont ordre de respecter tous les pavillons quelconques dans ces mers. On attribue leur conduite à l'amiral Linois. Si les Anglais débarquaient, ce serait le signal de la guerre civile ; en restant tels que nous sommes, nous pourrions attendre avec sécurité les événemens, car nous sommes Français, et nous devons chercher à conserver à la France, intacte autant que possible, une colonie qui lui reviendra tôt ou tard. Comptez sur notre zèle pour seconder vos vues.

. Le 16 juin, M. de Linois lui mande qu'il convient à son honneur et à sa réputation que sa conduite soit loyale et franche. Ainsi, dit-il, les mesures que j'ai prises à l'égard de l'*Agile* ne me donnent aucun regret ; j'en ai vu le capitaine, et je ne redoute pas ce qu'il pourra dire en France. Il annonce sa réconciliation avec l'intendant. Ils sont convenus qu'il serait infiniment glorieux de maintenir la tranquillité et le pavillon qu'ils avaient planté, sans avoir recours aux étrangers.

. Le 16 juin 1815, à cinq heures, il écrit encore : « Faites entendre raison à la population, s'il est possible, sinon réalisez la menace que vous avez faite de les abandonner, et venez me rejoindre avec vos troupes.

Le même jour, à six heures du soir, M. Boyer écrivait : « La journée du 4 mai à Paris, la détermination qui y a été prise par la nation entière, ne nous laissent plus la facilité d'éluder les ordres du gouvernement français ; nous ne pouvons pas renoncer à notre patrie, nous devons suivre son impulsion. En régularisant le mouvement, nous nous en rendrons les maîtres. *Si les événemens étaient tels que je ne pourrais plus les arrêter, d'après l'avis des autorités, je serais forcé de diriger moi-même le changement, comme le seul et vrai moyen de rétablir l'ordre et de maintenir ensuite la tranquillité.* »

Le 17 juin, à sept heures du soir, pendant que le colonel Boyer était en route pour la Basse-Terre, le gouverneur lui réitérait par écrit, l'ordre exprès, de conserver le pavillon blanc, qui pouvait seul maintenir la tranquillité et préserver la colonie de la présence des Anglais.

Les deux dernieres pièces sont : un billet du colonel Boyer à M. de Linois, en date du 18 juin, ainsi conçu :

« Deux fois ce soir, en plein conseil, vous vous êtes
» démis de vos fonctions de gouverneur; la sûreté de la
» colonie est menacée dans ce moment, et exige que je m'en
» occupe. Beaucoup d'habitans et les officiers de la garde
» nationale sont venus m'en prier; en conséquence, j'ai
» l'honneur de vous prévenir que je m'en charge dès cet
» instant ».

Et un projet de proclamation du général Boyer qui n'a pas été publiée, l'amiral Linois ayant conservé le gouvernement.

Le greffier du conseil lit ensuite le procès-verbal d'information dressé par M. le rapporteur.

Toutes ces dépositions seront réitérées oralement à l'audience; c'est alors que nous en rendrons compte.

A six heures, le président interrompt cette lecture, et ajourne la séance au lendemain 7 mars, dix heures du matin.

Deuxième séance.

L'audience commence à onze heures.

M. le président dit que le rapporteur va continuer la lecture des pièces de l'information; il invite les témoins à se retirer et à revenir à quatre heures.

M. le rapporteur ayant terminé la lecture de quelques pièces qui ne nous ont paru ajouter aucun nouveaux renseignemens, annonce au conseil que dix-huit commis-

2

sions rogatoires ont été envoyées, que quinze témoins ont été interrogés en vertu de ces commissions, et que leurs dépositions sont jointes à la procédure; que cependant quelques uns d'entre eux étant présens et devant être entendus dans l'instruction orale, il ne croit pas qu'il soit utile de lire les dépositions écrites de ces derniers.

Le défenseur de M. Boyer se lève, il croit devoir dans l'intérêt de son client demander que les dépositions des temoins qui sont présens, soient lues comme celles des témoins absens.

M. le rapporteur fait donner lecture de toutes ces pièces.

Le premier procès-verbal comprend la disposition de M. Arnaud, leutenant-colonel, ex-commandant de Marie-Galande, en voici les principaux faits :

Demande. Est-il vrai qu'on accusait le gouverneur d'intelligence avec les Anglais?

Réponse. J'ai eu occasion de me convaincre que M. le gouverneur n'était point disposé en leur faveur, et je n'ai jamais entendu dire qu'il fût d'intelligence avec eux.

D. Est-il vrai que la crainte de l'entrée des Anglais dans l'île eût occasionné de la fermentation?

R. Je sais que la plus grande partie des habitans les redoutait.

D. Avez-vous entendu dire que M. Boyer eût cherché à augmenter cette fermentation?

R. Je n'ai jamais entendu dire cela.

D. Avez-vous entendu dire que quand il s'est rendu à la Basse-Terre il n'eût eu en vue que de sauver la colonie de la domination anglaise?

R. Oui, et il a eu en vue d'empêcher la guerre civile, qui eût été inévitable s'ils y eussent été introduits.

On lit le procès-verbal qui renferme la déposition de

M. Bothe, ex - commissaire de marine à la Pointe-à-Pitre.

D. Quand M. Boyer est parti de la Pointe-à-Pitre pour Basse-Terre, ne vous a-t-il pas exprimé l'idée d'attenter à l'autorité du gouverneur ?

R. Il était loin d'avoir cette idée, car je l'ai entendu dire qu'il s'opposerait de tous ses efforts, à ce que cette autorité fût méconnue.

D. Quel effet produisit à la Pointe-à-Pitre l'occupation des Saintes par les Anglais?

R. Beaucoup de fermentation.

D. N'a-t-on pas soupçonné le gouverneur d'y avoir pris part ?

R. Oui, un grand nombre de personnes répandaient le bruit que le gouverneur favorisait les Anglais, et voulait les introduire dans la Colonie.

D. L'opinion de la colonie était donc opposée aux Anglais ?

R. Oui ; les deux tiers de la population blanche et la totalité des gens de couleurs avaient les Anglais en haine.

D. Pour le salut de la colonie, croyez-vous qu'il fût indispensable d'arborer le drapeau tricolor ?

R. L'introduction des Anglais dans l'île, aurait nécessairement amené la guerre civile, et l'arboration du drapeau tricolor pouvait seule tranquilliser les habitans à cet égard.

D. Qu'avez-vous fait après que le drapeau tricolor eût été arboré ?

R. J'ai continué à exercer les fonctions que j'exerçais avant.

On lit la déposition de M. Caravant, sous-lieutenant au 62ᵉ régiment.

Cet officier a déposé qu'il n'avait pas eu connaissance

des faits allégués contre les accusés, qu'il se bornait à faire son devoir et à exécuter les ordres qu'il recevait, sans en examiner les motifs. Il a répondu aux diverses questions qui lui ont été faites sur le mouvement qui eut lieu à la Basse-Terre, qu'il descendait la garde ce jour-là, qu'il était fatigué, et qu'il était resté dans sa chambre.

Ce procès - verbal se termine par les questions suivantes :

D. Avez-vous fait partie des troupes que le général Boyer a entraînées dans la révolte ?

R. J'ai dû faire comme les autres ; le devoir d'un militaire est d'obéir.

D. Etes-vous venu en France sur le même bâtiment que M. Boyer ?

R. Oui.

Suit la déposition de M. Hyacinthe Beugnet, lieutenant d'artillerie.

Cette déposition contient les faits suivans :

Ce fut un brick anglais qui annonça le débarquement de Bonaparte sur les côtes de France. Bientôt plusieurs bâtimens français arrivèrent à la colonie. Les passeports des passagers et des lettres particulières qu'ils apportaient ne permirent pas de douter de cette nouvelle.

Un capitaine venu sur l'aviso *l'Agile*, se rendit à la Basse-Terre avec des dépêches de Bonaparte ; il avait la cocarde tricolore, et son apparition occasionna beaucoup de rumeur. Le gouverneur fut obligé de s'y rendre et eut peine à rétablir l'ordre. Il fit assembler un conseil, et les dépêches furent mises sous scélés sans avoir été ouvertes.

Cependant, on savait dans la colonie que le gouvernement avait reçu ces dépêches ; on savait aussi que M. de Vaugiraud, gouverneur de la Martinique, avait fait garder cette île par les Anglais, et l'on craignit que M. de Linois n'eut également recours à eux.

D. Croyez-vous que M. Boyer ait été sincèrement atta-ché au roi jusqu'à son départ pour la Basse-Terre ?

R. Je le crois d'autant plus, que dans la nuit du 10 juin, il arrêta lui-même, à la Pointe-à-Pitre, un particu-lier qui chantait à onze heures du soir des chansons sé-ditieuses, et criait *vive l'Empereur.*

D. Croyez-vous que ce soit dans l'intention de sauver l'île des Anglais que le colonel Boyer s'est rendu à la Basse-Terre ?

R. Ce n'était pas les Anglais à la vérité qui étaient à craindre, mais il fallait sauver la colonie des horreurs de la guerre civile; il fallait sauver le gouverneur lui-même. — La fermentation était à son comble, plusieurs complots avaient été formés pour arborer le pavillon tricolor. — Alors le général Boyer se rendit à la Basse-Terre. Il envoya chez le gouverneur et lui fit donner l'ordre d'ouvrir les dépêches qu'il avait reçues du gouvernement....

D. N'a-t-il pas fait mettre une garde devant la maison du gouverneur ?

R. Cette garde était pour sa sûreté; le gouverneur a dû lui en savoir gré.

Le général Boyer fit alors arborer le drapeau tricolor; tout le monde accourut en foule autour de lui; des avo-cats, des négocians, tous l'appelaient le sauveur de la colonie; tous disaient que le gouverneur avait voulu la livrer aux Anglais; ils voulaient investir le général Boyer de toute l'autorité, et le proclamer gouverneur. Il s'y est formellement refusé, et a engagé tout le monde à ne point s'écarter du respect qui était dû à M. l'amiral Linois.

Le général Boyer fut lui-même trouver le gouverneur ; il le supplia de prendre en considération l'état de la colonie, et en attendant que celui-ci eût pris un parti, il exerça le soir les fonctions de gouverneur.

Le lendemain, 19, dans la matinée, le gouverneur reçut toutes les autorités, et il se rangea au parti qu'avait pris le général Boyer.

L'amiral Linois n'a rien à se reprocher ; il avait montré autant qu'il était en son pouvoir son attachement au roi, et jusqu'au dernier moment il n'a cessé de résister à la force des événemens ; mais il a été contraint à la fin d'y céder.

Le général Boyer n'a agi que dans l'intérêt de la colonie ; il a donné, dans plusieurs circonstances, des preuves d'attachement au souverain légitime.

Un officier s'était rendu coupable, quelque temps auparavant, de propos injurieux envers le roi, le général Boyer ordonna qu'il fût renvoyé en France.

D. Lorsque le colonel Boyer a fait arborer le drapeau tricolor, a-t-il éprouvé de la résistance ?

R. Il a éprouvé de la résistance de la part du gouverneur.

D. N'avait-il pas ordonné à la garde qu'il avait fait poser chez lui, de le retenir prisonnier ?

R. Je ne sais quel ordre il a donné quand il a renouvelé la garde. Le premier piquet était uniquement pour la défense du gouverneur.

D. Quand le colonel Boyer a fait arborer le pavillon tricolor, agissait-il dans la seule vue de soustraire la colonie aux Anglais ?

R. Oui, c'est une justice que je me plais à rendre au général Boyer.

D. Avez-vous fait partie des troupes que le colonel Boyer a entrainées dans la révolte ?

R. Oui, j'ai fait partie de ces troupes, parce que je

connaissais l'état de la colonie, et que je savais la guerre civile inévitable si l'on n'avait pas pris ce parti.

On a donné lecture de la déposition du sieur Coulardé Lafontaine. Cette déposition se compose d'une série de réponses que nous nous dispenserons de rapporter, parce qu'elles n'ajoutent aucuns faits à ceux que nous avons déjà produits.

M. le rapporteur lit ensuite la déposition de M. Gaspard Bothe, commandant des ouvriers militaires de la marine.

Cet officier a répondu aux questions qui lui ont été faites, qu'il était en garnison à la Pointe-à-Pitre le 2 mai dernier ; que la plus grande fermentation régnait dans l'île, et que le colonel Boyer faisait tous ses efforts pour l'empêcher d'éclater ; qu'il y avait même eu un complot de formé dans les premiers jours de juin, pour arborer le pavillon tricolor ; que le colonel Boyer avait pris toutes les mesures nécessaires pour en déjouer les plans, et qu'il y réussit.

Il dépose qu'il a entendu dire que le commandant Boyer avait envoyé deux compagnies de grenadiers au gouverneur pour lui demander les dépêches qu'il avait reçues du gouvernement ; que le gouverneur avait répondu qu'il n'avait d'ordre à recevoir de personne ; mais que le lendemain, 19, on vit paraître une proclamation de lui, qui engageait les habitans de la colonie à se ranger dans le parti de Bonaparte.

Qu'avant le 18 juin, le commandant Boyer et l'amiral Linois avaient toujours agi dans les intérêts du roi.

Il dit que l'entrée des Anglais dans la Martinique avait produit le plus mauvais effet à la Guadeloupe ; que la garde nationale de cette île était très décidée à ne pas les recevoir ; qu'elle était très indisposée contre le gauverneur,

parce qu'on croyait qu'il voulait suivre l'exemple de M. de
Vaugiraud, et l'on trouvait très mauvais qu'il ne voulût
pas laisser arborer le drapeau tricolor, seul moyen qu'on
voyait de tranquilliser les esprits sur l'occupation de l'île
par des troupes anglaises.

Le témoin interpellé de dire s'il croyait qu'on eût pu empêcher la révolte sans arborer le drapeau tricolor, a répondu qu'en ne recevant pas les Anglais, les troubles n'auraient pas éclatté, mais que la seule crainte de leur arrivée
avait occasionné la fermentation qui aurait beaucoup aug-
menté s'ils fussent entrés dans l'île.

Le témoin a fini ainsi :

M. Boyer, en partant pour Basse-Terre, m'a dit qu'il
n'avait d'autre idée que de soustraire l'île à la domination
anglaise; je crois, comme lui, que c'était le seul moyen.

La déposition du capitaine Merlin, qu'on a lu ensuite,
renferme le passage suivant :

Je pense que si l'on eût gardé le pavillon blanc, les
Anglais n'auraient pas tenté une descente, et qu'on aurait pu conserver la colonie au roi.

Sommé de dire s'il a fait partie des troupes qui ont été
entraînées dans la révolte, le témoin répond que comme
militaire il a obéi et dû obéir aux ordres qui lui ont été
donnés.

M. François Gauthier, lieutenant d'infanterie, dit,
dans sa déposition : Si les Anglais s'étaient présentés pour
opérer une descente, nous nous serions défendus sous le
drapeau blanc; et pour preuve : le jour où l'on a cru
qu'ils voulaient tenter quelque hostilité, la garde nationale et la troupe de ligne étaient très disposées à se défendre.

J'ai entendu dire à tous les officiers de la Basse-Terre,
ajoute le témoin, que si notre brave colonel n'avait pas

été arrêté, il se serait opposé à ce que son régiment prît la cocarde tricolore.

Les dépositions de MM. Fabre, Bonnard, Pigeon, et de plusieurs autres témoins, ne faisant que reproduire les faits qui précèdent, nous croyons devoir les passer sous silence.

M. le rapporteur fait lecture :

1° D'une lettre de M. de Vaugiraud au ministre de la marine qui l'informe que l'amiral Durham ne s'est pas long-temps tenu dans la ligne qu'il avait suivie. La lettre ajoute que c'est même en partie à lui que l'on doit les malheurs de la Guadeloupe ; 2° d'une lettre du 16 juillet écrite par M. de Guilhermy à M. le baron Boyer, pour l'exhorter à abandonner le parti de l'usurpateur, et à rentrer dans l'obéissance due au roi.

On procède ensuite à la lecture des interrogatoires ;

Le premier est celui subi par le comte de Linois. Il se nomme Charles-Alexandre-Léon, comte Durand de Linois ; il est âgé de cinquante-cinq ans, né à Brest, commandant de la légion d'Honneur, chevalier de Saint-Louis, demeurant à Versailles.

Il convient qu'il a prêté serment de fidélité au roi. Nommé gouverneur de la Guadeloupe, il déclare qu'il était indépendant du comte de Vaugiraud ; il reconnaît la proclamation qu'il a faite en faveur de l'usurpateur, mais il soutient qu'il y a été forcé par les troupes, les habitans et la garde nationale. Il avoue qu'il a gouverné la colonie pour l'usurpateur ; qu'il a été pris, les armes à la main, par les Anglais, mais en vertu d'une capitulation qui n'a point été, dit-il, exécutée à l'égard des colons.

Le second interrogatoire est celui du baron Boyer.

Avant de décliner ses noms, il déclare qu'étant venu en France en vertu d'une capitulation conclue avec les

Anglais, on n'a pas pu le livrer aux tribunaux sans le consentement de ce gouvernement. Il dit ensuite se nommer Remi Boyer Peyreleau, âgé de quarante ans, adjudant commandant, officier de la légion d'Honneur et chevalier de Saint-Louis.

Il convient qu'il a fait arborer les couleurs tricolores, mais il déclare qu'il n'avait en vue que de préserver la colonie des horreurs de la guerre civile. Il nie avoir enfermé le gouverneur chez lui, avoir fait mettre le scellé sur ses papiers, avoir fait aucune proclamation. Il indique des témoins qu'il veut faire assigner.

On lit ensuite un nouvel interrogatoire du comte de Linois, qui ne contient que des faits de détail déjà consignés dans les dépositions précédentes, et une autre série de questions faites au baron Boyer, ainsi que les réponses de ce prévenu, qui n'offrent également rien de nouveau.

M. le comte de Linois et M. le baron Boyer sont introduits.

Avant leur arrivée, M. le président dit : « Le respect dû au malheur et au gouvernement doit imposer le silence le plus absolu au public, et interdire tout signe d'approbation ou d'improbation ».

Les accusés déclinent de nouveau leurs noms et leurs qualités, et ensuite M. le président, s'adressant à eux leur dit : « Si vous avez quelques moyens préjudiciels à présenter, je vous invite à les faire valoir ».

Le comte de Linois garde le silence, et le baron Boyer prend la parole à peu près en ces termes :

« Traduit devant un tribunal auguste, en présence d'une nombreuse assemblée, j'ai à défendre la cause de bien des Français. — Eloigné de la France de près de 2,000 lieues, et sous un climat enflammé, mon imagination a dû ressentir son influence. Je n'ai cédé cependant qu'à l'effervescence d'une population. J'ai toujours aimé ma patrie, mes yeux ont toujours été ouverts sur elle, mon bras ne s'est jamais armé que pour la défendre. J'étais en face d'un ennemi qui, sans la moindre déclaration de guerre, s'est emparé de plusieurs îles restées à la France.

» Pourquoi serais-je le seul privé de la bonté et de la clémence de notre monarque? Je m'en repose sur la justice du conseil, et je le prie d'entendre mon avocat dans la discussion des moyens préjudiciels. »

M. le rapporteur. M. Boyer réclame des moyens préjudiciels. Pour éviter des longueurs dans cette procédure, je pense que les avocats doivent présenter leurs moyens préjudiciels cumulativement, et sans qu'il leur soit permis d'en plaider d'autres dans le cours des débats.

M. le commissaire du roi requiert que cet ordre soit suivi.

M. le président prononce que les défenseurs plaideront de suite tous leurs moyens préjudiciels.

M. Legouy, avocat de M. le baron Boyer, a la parole. Il s'empare de la proclamation du roi, datée de Cambray, qui pardonne aux français égarés, et cherche à la faire tourner en faveur de son client. Arrivant ensuite à la discussion de l'ordonnance du 26 juillet, il écarte des soupçons de culpabilité tous ceux qui n'ont point été compris dans ses dispositions. Il y rattache la loi d'amnistie. Il reproduit les opinions de plusieurs membres de la chambre des députés, et la loi elle-même qui a repoussé les cathégories, et qui a pardonné un plus grand nombre en resserrant les punitions dans les plus étroites limites. Il soutient que l'adjudant commandant Boyer est placé par les faits même de la cause dans le pardon donné par le prince et par la loi.

L'avocat entre ensuite dans le développement des faits

qui se sont passés à la Guadeloupe , et il essaie d'en tirer l'induction que le baron Boyer était placé sous l'empire des circonstances telles , qu'il ne pouvait pas refuser de leur obéir.

L'orateur, après avoir retracé quelques traits de la carrière militaire du baron Boyer, forme le vœu de le voir compris dans le bienfait de la clémence royale.

M. le rapporteur prend ensuite la parole. Il aborde franchement la difficulté ; il donne lecture de la capitulation de la Guadeloupe avec les Anglais, et en discute les principales dispositions. Il prouve que les stipulations de cet acte remettaient le sort de MM. de Linois et Boyer à la discrétion du roi. Ils retrouvaient la paix et le roi, et rentraient dans la classe des citoyens ordinaires. Rien ne peut donc empêcher le gouvernement de faire rendre compte à tous les sujets de S. M. rebelles ou désobéissans, de la conduite qu'ils ont tenue.

M. le rapporteur écarte également l'idée que la proclamation de Cambray et la loi d'amnistie soient applicables au baron Boyer, et il conclut à ce qu'on passe outre au jugement.

M. le commissaire du roi parle dans le même sens ; et après la réplique de l'avocat et une courte délibération , le conseil décide que les moyens préjudiciels proposés par l'adjudant-commandant Boyer sont écartés , et qu'il sera passé outre à l'examen de l'affaire jusqu'à jugement définitif.

La séance est levée ; elle sera reprise demain à dix heures précises du matin.

Troisième séance.

La séance s'ouvre à 11 heures.

M. le président donne ordre qu'on fasse venir les accusés. — Ils sont introduits. M. le président se lève et dit :

M. Boyer, vous allez entendre la déclaration du conseil sur les moyens préjudiciels que vous avez produits dans l'audience d'hier.

Il lit ensuite le prononcé qui suit:

Le conseil de guerre permanent de la première division militaire, etc. etc.

Après avoir entendu ledit sieur Boyer et son défenseur, dans les moyens préjudiciels qu'ils ont produits,

Après avoir entendu M. le rapporteur,

Ouï, M. le procureur du roi dans ses conclusions, et le défenseur de l'accusé dans sa réplique,

Les membres s'étant retirés, le président a posé la question suivante :

Les moyens préjudiciels élevés par le colonel Boyer sont-ils admissibles ?

Les voix recueillies dans l'ordre prescrit en commençant par le moins élevé en grade, et en finissant par le président.

Déclare à l'unanimité que ces moyens sont inadmissibles.

En conséquence, il sera passé outre aux débats.

Cette lecture étant terminée, M. le président ordonne qu'on fasse retirer M. Boyer.

M. de Linois est de nouveau interpellé de déclarer ses noms, prénoms et qualités, après qu'il a répondu à cette question, M. le rapporteur lit le rapport du ministre de la marine au roi, sur les événemens de la Guadeloupe, et l'ordonnance de S. M.

Le président dit : Vous venez d'entendre les charges qui vous sont imputées, qu'avez à répondre ?

M. de Linois garde le silence.

M. le président reprend : Je vais vous faire des questions qui tenderont à éclairer l'affaire :

Demande. Quelle disposition avez-vous remarquée à votre arrivée à la Guadeloupe, à l'égard du gouvernement royal ?

Réponse. Le plus grand enthousiasme.

D. Vous n'avez pas été à même de remarquer qu'il y eût dans ces démonstrations des arrières-pensées en faveur du gouvernement de Bonaparte ?

R. Non , M. le président, l'enthousiasme était général.

D. De quelle nature étaient vos rapports avec M. le comte de Vaugiraud, gouverneur de la Martinique, traitiez-vous avec lui sur le pied d'égalité ?

R. J'étais entièrement indépendant de lui ; mes instructions à cet égard étaient formelles ; mais le respect que je portais à M. de Vaugiraud m'avait décidé à le consulter sur les mesures importantes que j'avais occasion de prendre.

D. N'a-t-il pas existé dans les Antilles un ancien réglement qui portait que quand il y avait guerre le gouverneur général de la Martinique avait le commandement de toutes les îles-du-Vent ?

R. Ce réglement existe en effet. On y trouve qu'en cas de guerre le roi peut mettre sous les ordres du gouverneur général de la Martinique le gourverneur général de la Guadeloupe, car celui-ci est aussi gouverneur général ; pour cela il faut un ordre exprès du roi.

M. le rapporteur se lève, et cite un passage de l'abbé Raynal qui vient à l'appui de cette explication.

D. Comment sûtes - vous l'arrivée de Bonaparte en France ?

R. Ce fut un brick anglais qui apporta cette nouvelle ; j'imaginai d'abord, ainsi que M. Boyer, que c'était le fruit de la malveillance ou de quelque spéculation du commerce. J'écrivis de suite à M. de Vaugiraud, et je lui exprimai la même idée.

D. Lorsque cette nouvelle se répandit dans l'île, remarquâtes-vous un changement dans les dispositions des habitans ?

R. Elle donna de suite l'inquiétude que les Anglais ne vinssent s'emparer de la colonie.

D. Etiez-vous content de la discipline et de l'esprit du 62ᵉ régiment ?

R. Très content. Dans la composition des officiers, il y avait beaucoup de créols appartenant aux premières familles de la colonie ; je pouvais répondre de ce corps.

D. Ainsi vous n'avez aucune plainte à élever contre ce régiment ?

R. Aucune, mon général.

D. Comment avez-vous eu connaissance de l'arrivée de l'aviso l'*Agile* dans les îles-du-Vent ?

R. Ce fut M. l'amiral Durham qui m'en informa. — Il me fit dire que deux goëlettes étaient parties de Rochefort, le 18, qu'une avait été arrêtée par un vaisseau anglais et conduite aux Saintes, qu'elle contenait des dépêches à mon adresse et à celle de M. Vaugiraud ; il me demandait ce que je voulais qu'on fît de ces dépêches et du bâtiment ?

Je priai M. l'amiral de m'envoyer les dépêches qui étaient à mon adresse, et d'empêcher l'Agile de communiquer avec la colonie. — Il ne jugea pas à propos d'avoir égard à cette pière ; peu après l'*Agile* fut relâché et paru sur nos côtes. Il avait le pavillon blanc et la flamme blanche. Il mit à terre un cannot qui apportait une lettre, cette lettre fut remise à un commissaire de marine qui la remit à M. Boyer, qui me la fit passer.

D. Que vous disait cette lettre ?

R. Elle m'annonçait les événemens qui avaient eu lieu en France.

D. La communiquâtes-vous à quelqu'un?

R. Je la communiquai à mon fils.

D. Le contenu de cette lettre ne transpira pas?

R. Non, M. le président.

D. En fîtes-vous part au baron Boyer?

R. Non, M. le président.

D. Du moment que le bruit des événemens d'Europe fut arrivé à la Guadeloupe, remarquâtes-vous quelques changemens dans la conduite de M. Boyer?

R. Absolument point; car il y eut quelques mouvemens à la Pointe-à-Pitre, et il se conduisit parfaitement bien ; je lui en témoignai ma satisfaction.

D. Ainsi vous comptiez entièrement sur lui ?

R. J'avais tous les motifs possibles pour y compter.

D. Les troupes qui étaient sous ses ordres se sont-elles bien conduites dans l'événement dont vous parlez?

R. Très bien conduites.

D. Combien y eût-il d'habitans compromis dans cet événement ?

R. C'étaient quelques têtes écervelées qui voulaient agir contradictoirement avec la Martinique, où on avait reçu les Anglais. On voulait arborer pendant la nuit un drapeau tricolor sur une ancienne batterie. Il y envoya deux compagnies, ce qui empêcha les malveillans de se montrer.

D. D'après les renseignemens que vous avez dû recueillir quel était l'esprit des habitans de la campagne.

R. Il était opposé à celui des habitans des villes.

D. Vous pouviez donc, avec les habitans des campagnes, balancer le mauvais esprit qui aurait pu régner dans les villes?

R. Je n'ai jamais été à même d'en venir là.

D. Quelle était la population de la Pointe-à-Pitre ?

R. Environ 12 mille âmes.

D. Quelle était la force de vos troupes ?

R. Deux mille hommes.

D. Et de la garde nationale ?

R. Quatre mille hommes, disséminés sur une étendue de 84 lieues de tour, et parconséquent très difficiles à réunir.

D. Avant que M. Boyer ne vînt à la Basse-Terre, avez-vous eu occasion de remarquer dans cette ville quelque mauvaise disposition ?

R. Il y avait, comme partout ailleurs, une classe de perturbateurs plus aisés à contenir par la persuasion que par les voies de rigueur ; mais je ne m'en inquiétais nullement, parce que j'avais là le 62ᵉ régiment, dont j'étais sûr.

D. A quelle époque l'aviso l'*Agile* a-t-il été relâché par les Anglais ?

R. Le 14 juin, M. l'amiral Durham donna l'ordre de le laisser entièrement libre.

D. Vous ne reconnûtes donc pas la goëlette qui vous apporta des dépêches de Bonaparte, puisque vous laissâtes prendre terre ?

R. Elle avait pavillon blanc : je la vis ; mais comme j'attendais à tous momens une goëlette que j'avais expédiée, je restais convaincu que c'était elle qui arrivait.

D. Le capitaine du port aurait dû en instruire la garde.

R. Je le destituai d'abord ; mais c'était un père de famille un chevalier de Saint-Louis, un émigré. A la prière de M. l'intendant, je lui laissai sa place.

D. Le capitaine Forsan insista-t-il pour que vous prissiez les dépêches qu'il vous apportait ?

R. Quand même il n'aurait pas insisté, je les aurais prises dans la crainte qu'elles ne fussent publiées dans la colonie.

D. Quel effet produisit l'arrivée du capitaine Forsan à Basse-Terre ?

R. M. Forsan descendit avec la cocarde tricolore. Il y avait près de là un poste de garde nationale qui ôta de suite sa cocarde blanche, Il traversa la ville suivi par un grand nombre de personnes. Quand il entra chez moi, le procureur du roi, homme très bien pensant, vint me dire que plus de 4 mille personnes l'attendaient à ma porte. J'ordonnai de suite qu'on tînt prêtes deux compagnies pour agir au besoin. Je fis reconduire le capitaine sous escorte de gendarmes, accompagné par mon fils. Je lui refusai la permission de faire de l'eau et de relâcher pour raccommoder son bâtiment qui avait besoin de réparation.

D. Que fites-vous à la garde nationale qui avait quitté sa cocarde blanche ?

R. Je la fis assembler, je lui fis une vive remontrance, puis je fus voir M. l'intendant et je lui témoignai le désir d'assembler un conseil pour délibérer sur les dépêches que j'avais reçues. — Je me portai ensuite sur le cours, où j'invitai les citoyens à ne point former de rassemblemens, et à vaquer à leurs affaires, voyant la tranquilité rétablie, je retournai au poste de la garde nationale ; je remarquais que tous, excepté trois avaient quitté leurs chapeaux à trois cornes, et pris des chapeaux ronds, je leur témoignais mon mécontentement de ne pas leur voir de cocardes blanches, ils me dirent qu'on ne mettait pas de cocardes avec des chapeaux ronds. — Je fis de suite relever ce poste par la troupe de ligne.

D. Comment était composé ce conseil que vous assemblâtes ?

R. C'était un conseil extraordinaire ; j'y avais appelé les àutorités et les habitans dont je connaissais la sage sse et les bons sentimens.

D. Le parti de mettre les dépêches sous scellés fut-il unanime ?

R. Oui ; « je dis : messieurs, je crois qu'il ne m'appartient pas de prendre connaissance des dépêches qui me sont envoyées par un gouvernement usurpateur ; je demande qu'elles soient mises sous scellés, et deposées où vous jugerez convenable. M. l'intendant ouvrit l'avis qu'on les envoyât à l'ambassadeur de S. M. à Londres. »

D. Eûtes-vous connaissance de quelque mouvement à la Basse-Terre, sur ce que vous aviez refusé d'ouvrir les paquets ?

R. Notre délibération fût connue, et la clause d'envoyer les dépêches à Londres, déplut à beaucoup de personnes.

D. A quelle époque les Anglais prirent-ils une espèce de possession des Saintes ?

R. Le 2 mai, j'écrivis à sir James Leith, pour le prier d'obtenir de M. l'amiral Durham l'établissement d'une croisière près des Saintes, afin d'empêcher toute communication avec la colonie. — Ils eurent la bonté de me l'accorder ; et comme il existe à la pointe de..... un courant très fort, ils me demandèrent que je leur laissasse la faculté de mouiller près de ces îles. Non seulement j'y consentis ; mais je leur offris tout ce qui pouvait être agréable aux croiseurs anglais.

D. Le drapeau blanc y resta-t-il arboré ?

R. Oui M. le président.

D. Ils n'y arborèrent donc pas leur pavillons ?

R. Non M. le président, seulement d'après mon autorisation, ils y plantèrent un mât pour faire des signaux.

D. Ecrivites-vous au colonel Boyer pour lui faire part

de la détermination que vous aviez prise au sujet des dépêches de Bonaparte ?

R. Oui M. le président.

D. Que vous répondit-il ?

R. Il ne me dissimula pas que cela avait fait un mauvais
effet.

D. Il voulait donc que vous fussiez occupé de ce qu'on
pourrait penser en France de vous?

R. Il n'y avait rien de précis dans ses expressions, mais
on y remarquait une inquiétude vague, probablement le
résultat de l'agitation qui commençait à se passer en lui.

D. Dans cette réponse, changea-t-il de langage sur la
conviction où il était du bon esprit des habitans de la Pointe-
à-Pitre?

R. Dès-lors je m'aperçus qu'il semblait vouloir m'inspirer de grandes inquiétudes; mais j'avouerai qu'il n'en-
trait pas dans mon imagination que M. Boyer, dont je
connaissais l'honneur, les principes, la droiture, pût réa-
liser ces insinuations.

D. Cependant cela dut vous donner quelques soupçons;
prîtes-vous quelques mesures pour prévenir les événemens
dont il semblait vous menacer?

R. Je n'eus guère le temps de réfléchir; sa lettre me
fut apportée par un officier qui partait de suite, et qui
attendait la réponse; j'ordonnai cependant à M. Boyer
s'il jugeait qu'une révolte dût éclater à la Pointe-à-Pitre,
de quitter cette ville et de venir à la Basse-Terre avec ses
troupes.

D. Vous n'eûtes donc pas de connaissance par d'autres
que par M. Boyer de ce qui se passait à la Pointe-à-
Pitre?

R. Un habitant très recommandable de cette ville vint
à la Basse-Terre le 17 au soir. N'osant pas s'aboucher

avec moi, dans la crainte d'exciter les soupçons, il parla à mon fils, et lui dit qu'il ne serait pas surpris que le drapeau tricolor fût arboré à la Pointe-à-Pitre le lendemain. Je fis venir cet homme au gouvernement. Je lui demandai si M. Boyer continuait à se bien conduire; il me répondit que oui. Je lui demandai s'il avait toujours de l'influence sur le peuple; il me répondit qu'il en avait beaucoup. Alors je lui fis expédier un gendarme à cheval, avec une dépêche, dans laquelle je lui disais que je mettais le drapeau blanc sous la sauve garde de son honneur, et que je ne doutais pas qu'il ne fût inviolable.

D. Ainsi, cet homme avait encore confiance dans les dispositions de M. Boyer?

R. La plus grande confiance.

D. Renouvelâtes-vous au colonel Boyer dans cette lettre l'ordre de venir vous joindre avec ses troupes?

R. Je ne me rappelle pas bien si je lui renouvellai cet ordre le 7, mais il était précis dans ma lettre du 16.

D. Vous n'avez pas su au moment même l'arrivée de M. Boyer à la Basse-Terre, ou au fort Beau-Soleil?

R. Je ne l'ai su qu'à 6 heures du matin. — Je me disposais à aller à la messe avec ma famille, lorsqu'un habitant vint m'informer que le colonel Boyer était parti la veille de la Pointe-à-Pitre, et que la cocarde tricolore y avait été arborée. Au même instant, je vis arriver le capitaine Desrivières, commandant sous le colonel Boyer, les grenadiers à la Pointe-à-Pitre; je le vis avec plaisir, parce que je croyais que l'ordre que j'avais donné d'évacuer cette ville avait été exécuté; mais il me signifia au nom de M. Boyer, *commandant de l'île la Guadeloupe,* l'ordre de lui remettre les dépêches que j'avais reçues de Bonaparte.

J'étais sans armes alors : j'avoue que dans un premier moment d'indignation , je fus tenté de sauter sur l'épée de cet officier et de l'en frapper ; il s'en aperçut, car il me dit : La violence serait inutile : vous êtes mon prisonnier.

D. Comment n'avez-vous pas été prévenu du dessein de M. Boyer par les autorités de la Basse-Terre , qui , dites-vous, pensaient bien ?

R. Je crois qu'elles n'en ont pas été informées plus que moi.

D. Vous croyez donc que M. Boyer n'a pas été appelé par la masse des habitans notables qui l'auraient requis en quelque sorte de sauver la colonie ? qu'il serait venu à peu près de lui-même ?

R. Je n'oserais rien assurer à cet égard; depuis l'événement j'ai pris des renseignemens pour savoir s'il y avait eu des réunions d'habitans ; je n'ai pu rien découvrir qui m'éclairât sur ce point.

D. Où se rendit M. Boyer en arrivant à la Basse-Terre ?

R. Je suis obligé de vous rendre compte des rapports qui m'ont été faits ; car j'étais en prison dans ma chambre. — On m'a dit qu'il était arrivé à cinq heures du matin au camp de Beau-Soleil. Il entra dans la maison du major; eut une très longue conférence avec lui ; au petit point du jour, il fit assembler les troupes, leur dit qu'il avait été informé que je voulais livrer la colonie aux Anglais. Il se rendit à la ville avec la troupe et fit battre la générale.

D. Sans doute il dépêcha de suite le capitaine Desrivières pour vous arrêter.

R. Il paraît qu'il n'avait pas donné l'ordre de m'arrêter ; mais de m'enlever les dépêches, car il me les demanda très impérieusement. Je sais, dit-il, où sont vos paquets; ils sont dans votre secrétaire, je les trouverai ; j'avoue que j'oubliai alors qu'il portait un uniforme , et que je le traitai fort durement.

D. A quelle heure M. Boyer monta-t-il au gouvernement ?

R. Il était neuf heures et demie, je ne cessai de le demander ; je lui adressai les reproches qu'il méritait ; il me répondit : c'est pour sauver la colonie ; c'est pour vous sauver vous-même.

D. Pourquoi pensez-vous qu'il ne s'est pas rendu lui-même au près de vous pour vous demander vos dépêches.

R. Peut-être voulait-il s'assurer d'abord de l'esprit du peuple ; d'ailleurs il devait lui répugner de se porter à un tel acte de violence contre son chef.

D. Quel conseil assembla-t-il pour l'ouverture des dépêches ?

R. Il était composé des autorités et de plusieurs habitans de la colonie.

Ils me supplièrent de ne pas les abandonner dans cet état critique ; voyant que c'était l'opinion de toute la population, je me déterminai à reprendre l'autorité.

Plus je voyais de danger dans ce parti , plus je voyais de lâcheté à quitter la colonie dans un moment pareil. Je ne me dissimulais pas que je serais appelé un jour à rendre compte ici des motifs de ma conduite ; je ne me dissimulerais pas tous les soupçons injurieux qui planeraient sur ma tête.

Je savais aussi que si le gouverneur de l'usurpateur se fût maintenu , il m'eût été interdit de revoir jamais cette chère patrie , à laquelle je fesais tant de sacrifices ; je savais qu'il ne me pardonnerait pas d'avoir empêché son vaisseau de relâcher dans l'île, d'avoir gardé ses lettres 7 semaines sans les décacheter, de m'être opposé si long-temps au triomphe de son parti, et à un mouvement qui fut opéré par d'autres que par moi. — Je me rappelais avoir lu une proclamation du Roi datée du 18 mars, et je croyais servir ses intentions en empêchant le choc des français contre des français.

D. Mais pourquoi avez-vous fait une proclamation si forte?

R. Mon général, elle était la suite du parti que j'avais pris; il fallait écarter tous les soupçons. — J'ai toujours eu dans le fond de mon cœur le projet de profiter de la première occasion pour rétablir l'autorité du roi.

D. Qui regardez-vous comme l'auteur des événemens qui ont eu lieu?

R. Les circonstances impérieuses qui ont forcé M. le commandant Boyer à revenir au camp de Beau-Soleil, ont causé ce mouvement.

D. Qui a fait ce mouvement? (M. de Linois garde long-temps le silence).

R. D'après tous les rapports..... Il n'y a pas à douter..... que M. le commandant Boyer n'ait opéré ce mouvement; mais il avait seulement en vue de le diriger, pour en rendre les effets moins funestes.

Vous devez, lui dit M. le président, vous devez dire ici la vérité.

L'accusé reprend, en laissant apercevoir beaucoup d'embarras: des circonstances impérieuses ont pu forcer le colonel Boyer à venir au camp de Beau-Soleil, et la troupe a été égarée.

D. Mais qui l'a égarée?

R. Tous les renseignemens qui me sont parvenus ne me permettent pas de douter que ce ne soit le commandant Boyer; il l'a fait sans doute pour éviter de plus grands malheurs à la colonie.

D. Vous a-t-il fait connaître que l'agitation qui se manifestait, le forçait à venir à la Basse-Terre?

R. Non; mais précédemment il m'avait fait pressentir

qu'il serait peut-être forcé à un mouvement pour éviter un plus grand malheur.

D. Le 19 juin, n'avez-vous pas reçu deux officiers anglais?

R. Oui; l'un d'eux même parlait si bien français, que je le crus français. Il me dit : « Je viens de la part de l'amiral Durham vous offrir ses complimens et ses services ». (Toutes ces députations étaient alors chez moi, ma position était embarrassante). Il continua : « l'amiral Durham avait à vous remettre des dépêches de M. de Vaugiraud; mais ayant vu le pavillon tricolor arboré, il n'a pas cru devoir nous en charger, parce qu'il ne croyait plus vous voir gouverneur ».

D. Vous offrit-il de les aller chercher?

R. Non.

D. Comment ne les avez-vous pas demandées? Elles vous auraient fourni des renseignemens précieux.

R. J'avais trois cents personnes autour de moi, et tout ce monde, en voyant le vaisseau anglais qu'on croyait chargé de troupes de débarquement, disait hautement : « C'est bien heureux que le mouvement soit fait, nous serions au pouvoir des Anglais ».

D. A quoi attribuez-vous l'animosité du colonel Boyer et de plusieurs officiers contre le lieutenant-colonel Schmatz ?

R. Je ne crois pas que l'animosité de M. Boyer contre lui fût partagée par d'autres officiers. Au surplus, sa sévère probité, ses principes inflexibles devaient le rendre odieux à tous ceux qui voulaient un changement.

D. On vous demanda son renvoi de la colonie ?

R. Cela me fut demandé par l'orateur des députations, au nom, disait-il, de la colonie; mais je savais que ce n'était pas l'expression du vœu général. Un commandant de place, qui remplit ses devoirs avec une rigoureuse exactitude, ne peut manquer de se faire des ennemis.

D. A son départ de la colonie, vous lui donnâtes des dépêches?

R. Oui, pour faire connaître au ministre du roi l'état de la colonie.

D. Au moment où vous obéissiez à l'usurpateur, aviez-vous l'espoir d'obtenir des ordres ou des instructions qui pussent vous aider à rétablir l'autorité royale?

R. Je n'ai jamais perdu cet espoir, malgré la juste crainte de voir ma réputation compromise et flétrie par la démarche à laquelle j'avais été obligé de me prêter.

D. Donnâtes-vous aussi des instructions à votre fils, qui partit de la Guadeloupe le 15 juillet?|

R. Oui; mais des instructions seulement verbales. J'avais peur qu'il ne fût visité et compromis; mais je lui avais donné l'ordre de se rendre auprès du roi soit, en Angleterre, soit en Belgique.

D. Dans les dépêches confiées à Schmatz, faisiez-vous connaître l'intention de rétablir, dès que vous le pourriez, l'autorité du roi?

R. Ma démarche seule devait faire croire à mon intention.

D. Eûtes-vous connaissance de la bataille de Waterloo et de la proclamation du roi?

R. Oui: le 6 ou le 7 août; mais je vous avoue que l'on n'y crut pas. On regarda cela comme une de ces fausses nouvelles répandues avec tant de profusion dans les Antilles, et d'ailleurs les Anglais annonçaient l'intention de s'emparer de la colonie sous le pavillon britannique.

D. Vous saviez que vous n'aviez pas de grands moyens de défense.

R. Je connaissais notre faiblesse; mais le zèle des troupes et l'enthousiasme des habitans me parurent assez vifs pour me permettre de hasarder la chance des combats. Messieurs, jetons un instant le voile sur les affreux désastres de 94 et 95 ; mais pour l'honneur français, souvenons-nous qu'à cette époque un renfort de huit cents hommes suffit pour repousser toutes les forces anglaises, et pour conserver cette colonie d'où sortirent ces milliers de corsaires qui ont désolé les Anglais.

D. Pourquoi n'avez-vous pas réalisé l'espoir que vous aviez conçu ? Dans votre défense je ne vois pas de réunion spontanée des habitans avec la troupes.

R. Il est vrai qu'elle a été bien faible, puisque les rapports anglais portent qu'ils n'ont eu que dix-sept hommes tués ; mais voyez la disproportion des forces. Ils ont débarqué au nombre de plus de six mille hommes sur trois points à la fois, et empêché la réunion de nos troupes, déjà si peu nombreuses. J'étais très malade ; depuis le 18 juin, je n'ai pas eu un moment de bonheur ni de santé. A l'instant où je fus averti du débarquement, on allait me saigner, m'appliquer des vésicatoires. Pendant l'attaque, je fus saisi de spasmes et de vomissemens : j'étais plus nuisible qu'utile. Le colonel Boyer me dit : Retirez-vous. Dès qu'on sut que l'ennemi avait débarqué des forces aussi imposantes, le découragement se mit dans des troupes fatiguées, exposées depuis vingt-quatre heures à la pluie, mais dont on aurait pu tirer un parti brillant en les conduisant à l'ennemi.

D. Je ne vois pas qu'on ait opéré pour la défense aucune organisation nouvelle. Aviez-vous des armes ?

R. Je tâchais d'en recueillir de toutes parts.

D. Comment, d'après l'espèce d'autorisation que contenait la dépêche de M. le duc Decrès, et d'après les bruits qui couraient de la bataille de Waterloo, n'avez-vous pas tenté l'essai du pavillon blanc ?

R. Cela ne m'est pas venu à l'idée. .

La séance est suspendue à une heure ; elle est reprise à deux heures, et M. le baron Boyer seul est introduit.

Il répète ses noms, prénoms, âge et qualités.

On lui lit la liste de ses témoins.

D. A quelle époque avez-vous été nommé commandant en second de la Guadeloupe ?

R. En juin 1814.

D. Comment vous regardiez-vous, à l'égard de l'amiral gouverneur ?

R. Je lui rendais compte de tout.

D. Par qui eûtes-vous connaissance des événemens du 20 mars ?

R. Par une lettre que reçut un négociant.

D. N'aviez-vous pas arrêté des dispositions avec le gouverneur, en cas d'insurrection ?

R. On ne prévoyait pas que la fermentation fût dangereuse.

D. Il paraît alors que tout était tranquille.

R. Non.

D. Quel est ce mouvement du 6 juin que vous avez comprimé ?

R. On vint me prévenir qu'on voulait arborer le drapeau tricolor au fort Louis. Je mis la troupe sous les armes, et j'arrêtai le mouvement.

D. Y eut-il quelqu'un d'arrêté ?

R. J'arrêtai un homme qui chantait des couplets où le nom de l'usurpateur était mêlé.

D. Le gouverneur vous donna-t-il connaissance de l'arrivée du capitaine Forsan ?

R. Oui, il m'en prévint.

D. Le gouverneur vous prévint-il de l'arrivée et de l'intention des Anglais.

R. Oui, et il me dit que son intention était de ne pas les recevoir.

D. Comme subordonné, vous deviez vous conformer aux ordres qui vous étaient donnés ?

R. J'ai fait tout ce qui m'était possible. Je déclare sur mon honneur que je n'ai voulu que sauver la colonie et la plus parfaite tranquillité y a régné jusqu'à sa prise par les Anglais. J'ai consulté les autorités et les habitans.

D. Quels sentimens manifestaient les habitans depuis l'arrivée de l'aviso l'*Agile*.

R. Ils voulaient reprendre les couleurs tricolores pour se réunir à la France ; c'était-là tout leur dessein.

D. Quand l'amiral vous écrivit sur ses dispositions, relativement aux Anglais, pourquoi avez-vous cherché à vous emparer de l'autorité ?

R. Je ne l'ai jamais cherché ; mais on disait que l'amiral devait être embarqué, et je voulais le sauver. Je ne voulais pas d'ailleurs que la colonie fît elle-même un mouvement qui l'aurait dégagée de toute subordination.

D. Mais vous deviez croire que la colonie serait plus en sûreté sous le pavillon blanc que sous le pavillon tricolor ?

R. On nous promettait la paix sous le nouvel ordre de choses.

D. Mais alors, et comme vous n'agissiez que sur des bruits publics, il était bien plus simple de rester fidèle au drapeau blanc en repoussant les Anglais.

R. Je jure qu'au fond de mon cœur je n'ai eu l'intention que de rester fidèle à la France.

D. Avez-vous employé le capitaine Desrivières dans les journées des 15, 16 et 17 juin ?

R. Oui ; il se conduisit même très bien....

D. Quand prîtes-vous la résolution de vous rendre à la Basse-Terre?

R. Le 17 juin.

D. Pourquoi ce jour là plutôt qu'un autre?

R. Parce qu'alors l'effervescence était à son comble. J'avais envoyé le capitaine Fromentin au gouverneur; il revint et me dit qu'il avait la certitude que les Anglais allaient entrer. Je voulus aller sauver le gouverneur.

M. le président lui dit : avec des motifs comme ceux-là un subalterne peut désobéir à son chef.

R. Ce n'a jamais été ma pensée; j'ai pu me tromper sur les moyens, mais je ne voulais que repousser les Anglais. Je voyais le gouverneur tenir une conduite tortueuse, et je m'en inquiétais.

D. Le 17 juin, quand vous partîtes pour la Basse-Terre, n'aviez-vous pas avec vous le capitaine Desrivières?

R. Oui.

D. Pourquoi, en y arrivant, ne vous êtes-vous pas présenté de suite chez le gouverneur?

R. Je ne voyais que l'imminence des événemens, et je voulais la prévenir : je demandai le major.

D. Quels ordres laissâtes-vous à la Pointe-à-Pitre?

R. L'ordre de faire arborer le pavillon tricolor le lendemain, ce qui fut fait avec beaucoup de tranquillité.

D. Que fîtes-vous vous-même à la Basse-Terre?

R. J'assemblai le régiment au camp de Beau-Soleil; je lui fis jurer de respecter l'autorité du gouverneur et les propriétés. Le serment fut prêté avec enthousiasme. Le gouverneur fut alors convaincu que je n'avais pas voulu empiéter sur son autorité. Il approuva ma conduite.

D. N'avez-vous rien lu aux troupes?

R. Une lettre de M. de Vaucresson, qui annonçait l'arrivée des Anglais.

D. N'avez-vous pas ordonné au capitaine Desrivières de détenir le gouverneur ?

R. Non. Il a mal exécuté mes ordres.

D. N'avez-vous pas donné l'ordre d'arrêter le sieur Vaucresson, commissaire de marine ?

R. Il a été arrêté parce qu'il répandait de faux bruits.

D. Pourquoi n'a-t-on pas arrêté M. de Guilhermy, intendant de la colonie?

R. Je n'ai aucune raison de penser qu'on dût le faire.

D. Quand vous vous rendîtes chez le gouverneur, que lui dîtes-vous ?

R. Je lui demandai pardon de la conduite du capitaine Desrivières.

D. Ne se fâcha-t-il pas contre vous ?

R. D'abord; mais ensuite il jugea et adopta mes raisons.

D. Aviez-vous la cocarde tricolore lorsque vous êtes arrivé au camp de Beau-Soleil?

R. Non, j'en avais apporté une de la Basse-Terre, mais je ne l'ai mise qu'au camp.

D. Que disaient les dépêches de M. Decrès que lut M. de Linois ?

R. Elles racontaient la marche de Bonaparte jusqu'à Paris; elles ordonnaient de laisser le pavillon blanc jusqu'à nouvel ordre.

D. Mais alors vous pouviez user des termes mêmes de cette lettre, et garder les signes de la royauté ?

R. Nous avons cru qu'il ne s'agissait que des bâtimens.

D. Pour quelle raison, en arrivant au camp de Beau-Soleil, avez-vous fait battre la générale ? Tout était tranquille; toutes les autorités s'élèvent au bruit de cet appel, qui semblait indiquer la présence de l'ennemi.

L'accusé ne répond rien.

On fait rentrer l'amiral Linois.

Le président demande si quelqu'un veut faire des questions à l'accusé. Aucun des membres du conseil n'en adresse, et l'on fait entrer le colonel Vatable.

Il se nomme Louis Vatable, colonel, âgé de quarante ans, officier de la légion d'Honneur et chevalier de St.-Louis.

Il dépose que le 18 juin, le colonel Boyer fit prendre les armes à la troupe, au camp de Beau-Soleil. « J'allai au gouvernement ; le gouverneur était gardé. Il me dit que cela venait de ce qu'il avait refusé de donner des dépêches de France. Les gens que je vis me dirent que le colonel Boyer avait donné l'ordre d'arborer le drapeau tricolor. Je revis le colonel Boyer chez l'amiral. Ce dernier lui dit qu'il ne voulait point trahir ses sermens et se déshonorer, et qu'il demandait un bâtiment pour s'éloigner de la colonie. Le lendemain, l'amiral Linois nous dit que tout était terminé et d'accord.

L'amiral se lève et fait quelques observations de détail.

Le baron Boyer soutient qu'il n'a jamais voulu déplacer le gouverneur.

Le président au témoin : Est-il vrai que le bruit courait que le gouverneur voulait laisser entrer les Anglais ?

Le témoin. Oui ; le bruit en a couru.

Le président. Le colonel Boyer, en votre présence, n'a-t-il pas dit au gouverneur qu'il avait des pièces qui prouvaient que lui, gouverneur, voulait livrer la colonie aux Anglais ?

Le témoin. Oui.

Le baron Boyer. J'avais en effet une pièce.

Le président. Pourquoi ne la pas montrer ?

Le baron Boyer. Je ne la croyais pas bien authentique, et je ne voulais point d'aigreur.

Le président au témoin. Le gouvernement n'a-t-il pas été cerné ?

Le témoin. Oui, par deux compagnies de grenadiers commandées par le capitaine Desrivières ; c'était évidemment pour faire prisonnier le gouverneur, car moi-même on voulut m'arrêter.

Le président au témoin. En votre âme et conscience, croyez-vous que si l'on n'eût point insurgé votre régiment, il se fût insurgé de lui-même ?

Le témoin. Je ne le crois pas ; je me croyais sûr des officiers et des soldats.

Le président. Qui croyez-vous qui ait été le moteur de ce mouvement ?

R. J'ai vu partout le colonel Boyer, et je n'ai vu que lui.

D. Ne vous opposâtes-vous point au mouvement.

R. Je l'essayai ; mais dans un conseil tenu à cette occasion, le colonel requit que l'on m'appliquât l'article du réglement du gouverneur qui prononçait la peine de mort pour le cas dans lequel je me trouvais.

Le baron Boyer nie avoir réclamé l'application de l'arrêté.

L'amiral dit que le baron Boyer avait d'abord demandé la mise en jugement, mais qu'il n'insista point.

Le baron Boyer : il était impossible de le mettre en jugement. Il n'y avait pas d'officiers dans toute l'île compétens pour juger le colonel.

Le défenseur du baron Boyer demande qu'on interroge le témoin pour savoir si l'accusé n'a pas lui – même demandé le renvoi du sieur Desrivières.

Le témoin affirme le fait et il ajoute. Le colonel Boyer a été à la Martinique, il s'y est généralement fait estimer et

aimer, il avait inspiré les mêmes sentimens à la Guadeloupe, on a été aussi affligé que surpris de sa conduite dans
le mois de juin.

On introduit le lieutenant-colonel Schmals, il dépose que
le 18 juin, il vit cerner le gouvernement par deux compagnies de grenadiers.

Le témoin voulut pénétrer au gouvernement; mais le
capitaine Desrivières lui dit qu'il avait l'ordre de l'arrêter.
Dès le lendemain, le témoin ne fit plus de service, et resta
chez lui.

Le sieur Quesnel, officier au soixante-deuxième régiment, dépose que le matin du 18 juin, il vit les troupes as-
semblées sur le cours. Le pavillon tricolor fut arboré à
onze heures. Le lendemain, le vaisseau anglais le *Vénérable*, passa devant le port; le témoin continua ensuite
son service sans plus se mêler de rien; il vit chez le sieur
Schmalz, une dépêche au comte de Lachâtre, ambassadeur de S. M. à Londres.

Les accusés n'ont fait aucune objection contre la déposition.

Le sieur de Fierne, ex-employé à la Guadeloupe, dépose que l'amiral Linois lui montra le plus grand éloi-
gnement pour le mouvement qui se préparait; il montrait
également une aversion complète contre les Anglais, qu'il
regardait comme les ennemis de la France.

Le sieur Raizet, trésorier-général à la Guadeloupe est
ensuite appelé.

Il dépose qu'il fut réveillé par le bruit de la générale;
le jour même, à onze heures, le drapeau tricolor fut arboré. Cependant tout était paisible à la Basse-Terre.

Le rapporteur. On a accusé le gouverneur et le colonel
Boyer d'avoir voulu armer les esclaves : c'est une accusation effroyable; elle a retenti jusque dans les dépêches

anglaises ; il nous paraît important que deux officiers français n'aient pas leur honneur entaché d'une inculpation aussi terrible.

Le témoin. Jamais le colonel Boyer n'a songé à armer les Noirs. Le gouverneur n'a appelé aux armes que les Nègres affranchis ; c'était une mesure très politique.

On appelle le sieur Courtois.

Il dépose que le matin du 18 juin, il est allé à l'hôtel du gouvernement qui était bloqué ; il revint chez lui. Le témoin apprit ensuite les événemens ; il pense que si ce mouvement n'eût pas eu lieu, il aurait pu y avoir une insurrection à la Pointe-à-Pitre, qui est la partie la plus populeuse de l'île, et que le 62e régiment n'aurait peut-être pas pu contenir ce mouvement, parce que les Noirs se seraient armés.

M. le président interpelle M. Raizet, de dire si tous les habitans de la colonie avaient montré du chagrin de ce que le gouverneur quittait l'île s'ils manquaient de confiance en M. Boyer.

Le témoin dit qu'il aurait fallu que le conseil supérieur sanctionnât le départ de M. le gouverneur, et que sans cela, on n'aurait vu dans cette affaire qu'un mouvement insurrectionel qui aurait nécessairement éloigné toute confiance.

Quatrième séance.

La séance s'ouvre à onze heures.

On continue l'interrogation des témoins.

M. Moreau aide-de-camp est entendu ;

Il dépose que le baron Boyer le fit appeler dans son cabinet le 17, qu'il lui montra une proclamation qu'il avait l'intention de publier, et qui était entièrement conforme aux sermens de fidélité qu'il avait prêtés à S. M.

4.

Le 18, on se rassembla sur la place d'armes.

On sonna à cheval, le commandant Fromentin fit un dis-cours aux troupes, le soir il y eut beaucoup de tumulte dans la ville.

Le baron Boyer, interrogé s'il avait quelque chose à dire sur cette déposition, a dit qu'il lui semblait inexact qu'il eût éclaté des troubles le soir; que le mouvement qui avait eu lieu, s'était opéré sans aucun tumulte.

M. le président invite M. Boyer à s'asseoir.

Il demande au témoin si l'esprit du 62ᵉ régiment était bon.

R. Oui, mon général, il était très bon, à quelques indivi-dus près.

D. Pourriez-vous nommer ces individus?

R. Je ne pourrais nommer que le capitaine Desri-vières?

D. Vous aviez donc quelque motif pour n'avoir pas de confiance dans les dispositions de cet officier?

R. Je ne le connaissais pas sous des rapports politiques; mais sa moralité passait pour n'être pas bonne.

D. Pensez-vous que dans le mouvement qui eut lieu, les habitans aient été dirigés par leur désir de voir rétablir l'usurpateur, ou par le dessein de sauver la colonie.

R. Je ne puis dire quels étaient leurs motifs; je sais seulement que les habitans des campagnes ne pensaient pas comme ceux des villes.

R. Quel était l'esprit des habitans de la campagne?

R. Il était en faveur du roi.

D. Et celui des habitans des villes?

R. Une grande partie, c'est-à-dire la population des gens de couleur désirait le gouvernement de l'usurpateur.

D. Quelle était l'opinion publique sur le compte de M. l'amiral Linois?

R. On disait généralement qu'il voulait livrer l'île aux Anglais ?

D. Les lettres que M. l'amiral Linois avait écrites à la Pointe-à-Pitre, et qui contenaient l'intention formelle de ne point les admettre dans la colonie, n'avaient donc pas été connues.

R. Je vous demande pardon, mon général ; mais on n'y croyait pas.

D. N'écrivîtes-vous pas à M. l'amiral ?

R. Je lui écrivis une lettre du 11.

D. Cette lettre parvint-elle à M. l'amiral ?

R. Elle fût arrêtée en chemin.

D. Comment fût-elle arrêtée ?

R. Elle fut arrêtée à la porte de la ville.

D. Ainsi la police se faisait donc déjà à la Pointe-à-Pitre contre l'autorité de M. le gouverneur ?

D. Oui, mon général.

R. Comment sûtes-vous que votre lettre avait été interceptée ?

R. Par M. le commandant d'armes Fromentin qui me la montra le soir même.

D. Ne lui témoignâtes-vous pas quelque surprise de ce qu'une lettre adressée au gouverneur par un officier d'état-major eut été arrêtée ?

R. Le capitaine Fromentin, a tourné la chose en plaisanterie.

D. Quelle est cette espèce de tumulte qui, dites-vous, eu lieu le soir.

R. La joie très bruyante des gens de couleur, des affranchis. Je ne connais pas assez les localités pour pouvoir préciser la cause de cette joie.

D. Lorsqu'on sut, à la Pointe-à-Pitre, le mouvement qui s'était opéré à la Basse-Terre ; que pensait-on de la

(54)

conduite qu'avait tenue M. le colonel Boyer ? l'approu-
vait-on ?

R. On était mécontent qu'il n'eût pas fait embarquer
M. l'amiral.

D. Avant le départ de M. Boyer pour la Basse-Terre ,
croyez-vous qu'il y ait eu quelques réunions d'habitans pour
l'engager à prendre le commandement de la colonie ?

R. Je n'ai rien entendu dire à cet égard.

D. M. le président à M. de Linois. M. l'amiral, comment
se fait-il qu'après que vous avez eu repris l'autorité , vous
ayez gardé M. Boyer auprès de vous, et que vous ne l'ayez
pas renvoyé à la Pointe à-Pitre ?

R. Avec les intentions que j'avais au fond de mon cœur ,
lorsque j'ai consenti à reprendre l'autorité , il m'a semblé
sage de garder auprès de moi M. le colonel Boyer.

D. Mais vous aviez donc la crainte qu'en renvoyant
M. Boyer à la Pointe-à-Pitre il n'entreprît de nouveau
quelque chose contre vous ?

R. J'avouerai que d'après les événemens du 18 juin, j'avais
quelque motif de désirer que M. le colonel Boyer ne s'éloi-
gnât pas de moi.

D. Mais dans l'intérêt de la colonie, il me semble que
vous auriez dû ne pas laisser une ville importante comme
la Pointe-à-Pitre sans personne qui pût y maintenir l'ordre
et la tranquillité ?

R. Il y avait quatre compagnies.

D. Ces quatre compagnies étaient bien comme force-
armée ; mais n'aurait-il pas fallu quelqu'un qui vous re-
présentât dans cette ville , et qui fût investi du commandement ; d'ailleurs, avec les intentions que vous prétendez
avoir eues de rétablir, dans l'occasion, le pavillon blanc ;
il me semble que vous vous donniez un surveillant , en
conservant M. le colonel Boyer auprès de vous.

R. J'ai eu l'honneur de vous dire, M. le président, que
j'avais des motifs pour désirer que M. le colonel Boyer restât
sous mes yeux.

D. M. l'amiral, avec les intentions que vous dites avoir
eues, de rétablir l'autorité du roi, comment se fait-il que
vous ayez arrêté la proclamation qui fut répandue dans
l'île, par M. le comte de Vaugiraud, après que le drapeau
tricolor y eût été arboré ?

R. Cette proclamation était absolument en contradiction avec le système que j'avais adopté ; elle était propre
à allumer la guerre civile dans la colonie ; tandis que je me
flattais d'empêcher qu'aucun désordre n'y fût commis. J'ai
donc préféré en arrêter la publication, et comme quelques
exemplaires avaient été répandues, je crus devoir y répondre par une autre proclamation, au moyen de laquelle
j'espérais pouvoir contenir tous les partis, jusqu'à ce que
j'eusse trouvé l'occasion que j'attendais.

D. En quoi une proclamation qui était dans le sens du
roi pouvait-elle se trouver en contradiction avec vos intentions secrètes ?

R. En ce qu'elle excitait les habitans de l'île à arborer
par la force le drapeau blanc ; qu'elle autorisait le premier
qui pourrait rassembler un parti à prendre les armes pour
renverser le gouvernement que je dirigeais.

M. le président se fait donner la proclamation de M. de
Vaugiraud ; il en fait lecture.

Elle porte en substance :

Nous gouverneur général des Antilles etc., arrêtons ce
qui suit :

Le contre amiral Linois et le colonel adjudant-commandant Boyer sont destitués.

Sont également destitués tous les officiers de terre et de
mer qui auraient pris part à la révolte qui a eu lieu le 18

juin ; ils ne pourront, à l'avenir, jouir d'aucun traitement d'activité, ni de retraite ni d'aucun pension ;

Il est défendu aux habitans, de quelque classe qu'ils soient, d'obéir aux ordres qui leur seraient donnés au nom des susnommés ; il est également défendu à tous officiers ou employés d'administration, et généralement à tout homme salarié par le gouverneme ntles reconnaître et de leur obéir.

Les agens comptables ou caissiers, receveurs de deniers publics qui leur auraient fourni, ou leur fourniraient des fonds, perdront les cautionnemens qu'ils ont versés; ils seront en outre forcés à payer une seconde fois au gouvernement légitime le produit de leurs recettes. —Défendons même à tous contribuables ou créanciers de l'état, de payer rien de leurs impositions ou créances auxdits agens comptables et receveurs de deniers publics, à peine de payer une seconde fois au gouvernement. Nous licencions dès ce moment tous les soldats qui voudront retourner en France, et les dégageons de tout service militaire. — Il sera délivré à tous ceux qui voudront jouir de cet avantage des congés absolus, et ils pourront compter pour repasser dans leur patrie, sur toutes les facilités qu'assure aux fidèles sujets du roi, l'alliance de S. M. avec le roi de la Grande-Bretagne.

Persuadé que l'oubli des devoirs n'aura pas été général, et qu'il se trouvera un officier supérieur qui rétablira l'autorité légitime en ralliant autour de lui tous ceux qui seront encore fidèles à l'honneur et à leurs sermens, nous l'investissons d'avance, par ces présentes, du commandement provisoire de la colonie. Dans le cas où cet officier ne se présenterait pas, nous donnons le même commandement à un officier de la garde nationale, etc. etc.

Le président. C'est donc M. l'amiral ce dernier paragraphe

qui vous a engagé à ne pas laisser publier cette proclamation de M. de Vaugiraud ?

R. Oui, mon général.

D. Le titre que M. le comte de Vaugiraud prend dans
cette proclamation, de gouverneur-général des colonies
françaises dans les Antilles, a dû vous faire connaître que
les dépêches que vous apportait le vaisseau anglais *le vénérable*, et qu'il n'a pas voulu vous remettre, parce que vous
aviez arboré le pavillon tricolor, renfermaient les provisions
de M. de Vaugiraud comme gouverneur-général.

R. J'ai l'honneur de vous faire observer que c'est par
cette proclamation que me vint la première connaissance
de cette nomination; sans doute elle m'en donnait la presque certitude; mais le mouvement était déjà opéré depuis
huit jours.

D. Quel jour le vaisseau le *Vénérable* vous envoya-t-il un
officier ?

R. Ce fut le 18 au matin.

D. Cet officier vous proposa-t-il de vous remettre les dépêches ?

R. Non, il me dit seulement que M. l'amiral Durham
avait été chargé des dépêches par M. de Vaugiraud, mais
que comme j'avais arboré le drapeau tricolor, il était inutile que ces dépêches me fussent remises.

D. Il ne vous est donc pas venu à l'idée M. l'amiral, de
profiter de votre conférence avec cet officier anglais, pour
faire connaître à M. de Vaugiraud vos véritables intentions ?

R. Cela m'eût été impossible.

Quand cet officier vint chez moi, j'avais autour de moi
plus de trois cents personnes.

D. M. Boyer lui-même était-il auprès de vous ?

R. Oui, mon général.

D. Comment ne vous engageât-il pas à demander les

dépêches? Quel que soit le parti qu'on tienne, on doit mettre de l'intérêt à voir des papiers aussi importans, M. le colonel Boyer, comment cela ne vous vint-il pas dans l'idée ?

R. Dès le matin à six heures, M. l'amiral ayant repris l'autorité, je n'étais plus que son très humble subordonné.

D. M. l'amiral, pourquoi avez-vous gardé tout le monde que vous aviez chez vous quand vous avez reçu cet officier anglais ?

R. D'après le parti que j'avais pris, je devais éviter avec soin de donner de la défiance. — J'ai parlé à cet officier devant tout le monde. J'ai cru entrevoir qu'il avait quelque chose de particulier à me dire, et qu'il était gêné de voir tant de personnes autour de moi. En effet, il m'a donné à entendre qu'il prévoyait que ma sûreté personnelle était compromise, et que je pouvais compter pour moi et ma famille, sur l'assistance de M. l'amiral Durham, mon ancien ami. — J'ai même cru que cet offre généreuse était le principal objet de sa mission.

D. M. le colonel Boyer, vous n'avez pas entendu que l'officier anglais ait dit autre chose de particulier à M. l'amiral ?

R. Il a seulement ajouté : au surplus nous n'avons pas d'ordre pour faire la guerre à votre nouveau pavillon.

M. l'amiral Linois, cela est vrai M. le président, j'avais omis cette circonstance,

D. M. le colonel, avez-vous remarqué que M. l'amiral fût entouré par beaucoup de personnes ?

R. Il y avait plusieurs officiers auprès de M. le gouverneur.

M. de Linois. Il y avait aussi des habitans et de la garde nationale.

M. Boyer. Je ne me le rappelle pas; je ne crois pas qu'il y eût de garde nationale.

M. de Linois. Je vous demande pardon. M. Durand, capitaine de la garde nationale, était toujours sur mes talons je ne me rappelle pas les autres.

M. Boyer. Je ne crois pas l'avoir vu.

M. le président. M. le colonel Vatable, où étiez-vous quand M. l'amiral donna audience à l'officier anglais.

M. Vatable. J'étais chez M. l'amiral.

D. M. l'amiral était-il entouré ?

R. Au moins par trois cents personnes.

D. Y avait-il des officiers de la garde nationale ?

R. En grand nombre, et beaucoup d'habitans.

M. le président. A fait les mêmes questions à *M. Rezet,* et à d'autres témoins qui répondent dans le même sens.

Je vous le répète, M. l'amiral, en conservant M. le colonel Boyer, vous vous mettiez sous une espèce de surveillance, et vous laissiez sans commandement la seconde ville de la colonie ?

R. J'ai eu l'honneur de vous dire, M. le président, que j'étais bien aise d'avoir M. le colonel Boyer sous les yeux.

D. M. Boyer, vous n'avez rien à objecter.

R. Rien ; Sinon que M. l'amiral ne se rappelle peut-être pas qu'il a envoyé un officier supérieur pour me remplacer à la Pointe-à-Pitre.

M. le président à M. Moreau témoin : Monsieur, lorsque vous avez quitté la colonie, quelle était votre opinion particulière sur les dispositions de monsieur l'amiral Linois ?

M. le rapporteur se lève, et fait observer qu'un rapport officiel, dressé par M. Moreau à son arrivée en France, répond à cette question.

Le défenseur de M. de Linois se lève. Il dit que le rapport de M. Moreau ne peut pas avoir beaucoup de poids, parce que quand M. Moreau l'a rédigé, il était influencé par tout ce qu'il avait entendu dire sur le compte de M. l'amiral, dont les intentions alors n'étaient et ne pouvaient être connues.

M. le président répond au défenseur que l'opinion particulière de M. Moreau à cette époque ne pouvant être basée que sur des conjectures, sa réponse ne serait, dans aucun cas, considérée comme un fait à charge de M. l'amiral Linois.

D. M. Moreau, quel était l'esprit des militaires lors du mouvement qui eut lieu ?

R. Il était très bon. Il me semble qu'ils ont plutôt cédé au mouvement qu'ils ne l'ont opéré.

D. D'après tout ce que vous savez, qui est l'auteur du mouvement qui a eu lieu à la Basse-Terre le 18 juin ?

R. C'est une espèce de fermentation populaire, une rumeur qui a éclaté, et dans laquelle un parti a pris le dessus.

D. Qui a dirigé ce mouvement ?

R. Tant de personnes prennent part dans ces sortes d'événemens, qu'on ne peut en préciser la marche.

D. Quelqu'un a-t-il harangué les troupes au camp de Beau-Soleil ?

R. J'ai entendu dire que les militaires qui ont arboré la cocarde tricolore au camp de Beau-Soleil avaient tous tenu des discours pour s'exciter mutuellement à ce parti.

D. Qui a fait battre la générale ?

R. Je n'en sais rien.

D. Qui est parti de la Pointe-à-Pitre avec l'intention ou l'espèce de mission de faire embarquer le gouverneur ?

R. Je l'ignore.

D. N'avez-vous pas dit que le gouverneur devait être embarqué ?

R. Il devait l'être par un mouvement populaire comme l'ont été quatre gouverneurs de la Guadeloupe.

M. le président. Allez-vous asseoir.

M. le président à M. le comte de Fiez témoin :

D. Où êtes-vous allé en quittant la Guadeloupe ?

R. A Newyorck.

D. N'avez-vous pas rencontré quelqu'un que vous aviez vu à la Basse-Terre ?

R. J'ai rencontré plusieurs personnes.

D. Mais une autre que vous pouviez remarquer ?

R. M. Durand, peut-être.

D. N'avez-vous vu à Newyork personne qui touchât de près à M, le gouverneur ?

R. J'ai rencontré M. son fils.

D. Que vous dit-il ?

R. Il me dit qu'il était chargé d'une mission de M. son père pour S. M. Louis XVIII.

D. Vous dit-il qu'il avait quelques dépêches.

R. Je crois que oui, il avait des papiers à sa main, et je crus que ces papiers renfermaient la mission dont il me disait être chargé.

M. Coupevent, commissaire de marine à la Basse-Terre, est introduit, sa déposition n'a donné aucune lumière.

M. Roguin est entendu. Il a été payeur des dépenses de la guerre à la Pointe-à-Pitre. Quand on y apprit la nouvelle du retour de Bonaparte, on remarqua parmi les habitans une agitation très vive et très ardente, sous le rapport des trois couleurs. Il y avait autant de crainte des Anglais et de désir de les repousser, dans cet élan, que de propension à un nouvel ordre de choses.

Mais les gens sages s'effrayaient de cette perspective , et le témoin dit qu'il était de ce nombre.

Le président au témoin. N'y avait-il pas des cocardes blanches dans les boutiques de la Pointe-à-Pitre , le 17 juin ?

Le témoin. Non.

Le président. Savez-vous autre chose?

Le témoin. Du 6 au 18 , la fermentation alla en augmentant.

Le président. A quelle époque apprit-on les événemens de France ?

Le témoin. Vers le 15 juin.

Le président. Les troupes étaient-elles bonnes, aviez-vous de bons sous-officiers ?

Le témoin. Tout était très bien.

D. Vers le 16 et le 17 , apperçûtes-vous des dispositions à un mouvement ?

R. Non.

D. Y avait-il une grande différence entre les opinions des blancs et des gens de couleur ?

R. Oui , une grande différence.

Le président demande au témoin Monat :

D. Ne vous êtes-vous pas assemblé à la pointe-à-Pitre, le 18 juin au matin avec la garde nationale ?

R. Le capitaine Fromentin nous convoqua , il nous fit arborer la cocarde tricolore d'après l'ordre qu'il nous dit avoir reçu du général Boyer. Nous prîmes ce signe , l'esprit et la discipline des troupes restèrent les mêmes qu'auparavant. L'ordre ne fut pas troublé.

D. Avez-vous entendu dire que l'amiral Linois eût quelques projets?

R. On disait que l'amiral avait des communications avec les Anglais.

Le président à l'amiral : avez-vous fait quelques proclamations avant le 18 juin ?

L'amiral : oui, j'en ai envoyé à la Pointe-à-Pitre.

(On lit une proclamation de l'amiral, qui parle de bruits et des mesures que l'on prend contre ceux qui les répandent.)

D. Le président au témoin. — Si l'on vous eût ordonné de maintenir le drapeau blanc, auriez-vous pu le faire, et n'aurait-on pas craint les gens de couleur ?

R. Je crois que je l'aurais pu faire sans danger.

Le président au baron Boyer. — Comment choisissiez-vous le capitaine Desrivières, si connu par son immoralité pour une mission si importante ?

R. On me disait qu'il vivait plus régulièrement, et comme il était fâché contre le capitaine Fromentin, je ne voulais pas les laisser ensemble.

Demande au témoin. — Croyez-vous que sans le mouvement, les troupes eûssent conservé leur discipline, et pensez-vous que quatre compagnies eûssent suffi pour réprimer les habitans, en cas d'insurrection ?

R. Peut-être les troupes se seraient maintenues dans l'ordre, mais si les habitans se fussent révoltés, il n'y a pas de doute que nous n'aurions pu les maintenir avec aussi peu d'hommes.

D. Croyez-vous que tout le régiment eût suffi dans ce cas?

R. Non.

Le baron Boyer. — Je remarquai que toute une compagnie de garde nationale était sans cocarde, nous n'étions encore qu'au 10 juin. J'en rendis compte au gouverneur, et je fis prendre la cocarde.

On introduit M. Delaborde, témoin.

Il était médecin en chef de la Grande-Terre. Dès le mois de mai on connut les événemens de France. M. Boyer

dit : C'est un funeste événement. Un enfant mulâtre vint
à la Pointe-à-Pitre; on le traita comme un esclave. Il fut
condamné au fouet : l'exécution fut terrible. Tous les mu-
lâtres s'assemblèrent, et les bruits qui couraient s'en aug-
mentèrent d'une manière allarmante. Chaque mulâtre regardait ce châtiment comme une offense qui lui était
personnelle, et paraissait disposé à unir ses efforts aux
vœux que les gens de couleur faisaient pour voir arriver
un autre ordre de choses.

Les événemens de juin arrivèrent. Tous les habitans de
la Pointe-à-Pitre s'agitèrent pour prier le général Boyer
de prévenir les attaques des Anglais. Ainsi je suis persuadé
que cet officier, en se mêlant aux mouvemens du 18 juin n'a
fait que céder à des considérations de salut pour la colonie ;
et d'ailleurs les hommes qui venaient prier le général Boyer
d'agir étaient les habitans les plus considérables de la colonie. Je crois qu'il ne s'agissait point de changement de
gouvernement, mais de la haine qu'on portait aux Anglais, et l'on croyait qu'une innovation dans le pavillon les
éloignerait.

Le président. Vous parlez toujours comme si le gouverneur n'existait pas. Est-ce que vous ne connaissiez point
les ordres du gouverneur ?

Le témoin. Je n'avais aucune mission pour les connaître ;
d'ailleurs, on avait des inquiétudes sur la conduite du gouverneur relativement aux Anglais.

Le président. Avez-vous vu l'amiral Linois ?

R. Oui.

D. Que vous a-t-il dit ?

R. Il m'a dit qu'il ne changerait point d'opinion quelque
chose qui arrivât.

D. Et bien, quand vous entendiez tous les bruits qu'on
faisait courir sur le gouverneur, pourquoi n'en parliez-

vous pas au colonel Boyer? Vous étiez instruit de tout. Vous saviez ce que disait chaque blanc et chaque noir. Pourquoi ne rendiez-vous compte de rien ?

R. J'en ai parlé au général Boyer, mais en conversation : je n'avais point de mission officielle pour cela.

D. Vous qui voyiez tant de monde, puisque vous saviez que le gouverneur ne voulait point recevoir les Anglais, il fallait faire percer cette idée, il fallait en parler avec chaleur.

R. J'en parlais dans les sociétés que je voyais. Je n'avais pas d'autre chose à faire. Quand les événemens se pressèrent, j'exprimai l'opinion, que si l'on pouvait retarder le mouvement, on ferait bien.

D. Mais pourquoi, au lieu de penser qu'on pourrait le retarder, ne pas dire qu'on devait l'empêcher?

R. Le mouvement paraissait inévitable, et je n'avais aucun caractère pour rien arrêter, ou rien ralentir.

D. Mais le colonel Boyer devait vous paraître en révolte avec l'amiral, en faisant le mouvement du 18 juin ?

R. Le général Boyer était entraîné.

D. Mais est-ce que la Pointe-à-Pitre dominait la colonie ?

R. C'est de la Pointe-à-Pitre qu'est parti le mouvement.

D. Depuis le 18 juin jusqu'à l'arrivée des Anglais, dans quel état fut la Pointe-à-Pitre?

R. Dans la plus parfaite tranquillité.

Le président au baron Boyer. Puisque vous aviez des dépêches du gouverneur, pourquoi ne les pas faire connaître ? cela eût détrompé les gens crédules et déjoué les projets des malveillans.

M. le baron Boyer. Je l'ai fait. Les proclamations de l'amiral ont été affichées.

On appelle M. Bruneau, témoin, et officier au 62ᵉ régiment. Il dépose que le 18 juin, on a assemblé les troupes à la Pointe-à-Pitre, et qu'on leur a fait prendre la cocarde tricolore. C'était le commandant Fromentin qui commandait.

Le président. Est-ce qu'on ne vous avait pas fait connaître l'intention où était le gouverneur de ne pas recevoir les Anglais ?

R. Non, mon général.

Le président. Le 17 au soir, n'y avait-il pas des cocardes tricolores dans les boutiques ?

R. Oui, j'en ai vu moi-même dans une boutique ?

D. Comment la Pointe-à-Pitre s'est-elle comportée depuis le 18 juin jusqu'à l'arrivée des Anglais ?

R. Tout fut parfaitement tranquille.

D. A l'approche des Anglais, qui a-t-on armé ?

R. Toute la garde nationale de la ville et de la campagne.

D. N'avez-vous pas entendu dire que le 17 juin au soir, une députation des habitans fut venue chez le colonel Boyer pour lui conseiller de faire le mouvement ?

R. Je n'en ai entendu parler qu'à Paris.

Le rapporteur dit que le témoin a déclaré précédemment que les quatre compagnies qui étaient à la Pointe-à-Pitre, étaient en état de réprimer tout mouvement. Je vous prie de faire expliquer le témoin là dessus.

Le témoin dit qu'on aurait pu réprimer un premier mouvement ; mais que cent trente-trois hommes ne pouvaient pas résister à une population armée.

M. le baron Boyer : « Beaucoup d'officiers qui déposent ici, attendent et demandent du service ; ils croyent leur honneur et leurs espérances attachés à ce qu'ils diront de favorable aux régimens dans lesquels ils ont servi. Peut-

être cette considération influe-t-elle un peu sur leurs dé-
clarations. Peut-être ne parlent-ils pas entièrement d'après
leurs consciences. J'ai cité plusieurs faits qui étaient à la
connaissance de toute la colonie. Aujourd'hui, on ne s'en
souvient plus. A quoi attribuer ces réticences? Je n'en
sais rien; mais je devais cette observation au conseil ».

La séance est suspendue pendant quelques instans; il est
quatre heures.

La séance reprend à quatre heures et demie.

On appelle le sieur Molard, témoin, lieutenant au 62ᵉ
régiment.

Il était dans le fort Saint-Charles, à la Basse-Terre, le
18 juin. Le matin, on battit la générale. Il rentra quelques
voltigeurs qui dirent qu'on avait voulu leur ôter leurs cocardes blanches; ensuite un sergent-major apporta un
drapeau tricolor. — Un chef de bataillon commandait
le fort.

D. Que dit-on à la troupe en faisant changer le drapeau ?

R. Ce fut le chef de bataillon; il raconta ce qui s'était
passé en France.

D. Qu'apprîtes-vous du gouverneur ?

R. J'appris qu'il avait été arrêté. On dit que c'était le
capitaine Desrivières qui avait fait cette opération par ordre
du général Boyer.

D. Ne fîtes-vous pas une visite au gouverneur, et que
dit-on là ?

R. J'entendis dire dans le salon que le général Boyer
avait sauvé la colonie.

Le général baron Boyer affirme que le fait est vrai.

L'amiral se lève et dit que cela ne se peut pas, puisque la
veille son autorité avait été méconnue.

Le colonel Boyer persiste, et invoque le témoignage de tous ceux qui étaient dans le salon.

Le colonel Vatable, consulté, dit qu'il n'a point entendu ce discours.

Le rapporteur rappelle que le témoin sait des détails sur l'arrestation momentanée du colonel Vatable au fort Saint-Charles.

Le témoin ne fait que répéter ce qui avait été dit.

On introduit M. Delafontaine, témoin, capitaine au 6e régiment d'artillerie.

Il était à la Pointe-à-Pitre, le 17 juin; il y avait une grande fermentation. Le témoin reprend les événemens au 1er juin. Il vit, ce jour-là, deux bricks anglais qui passèrent devant le pavillon blanc sans le saluer. Les habitans s'en indignèrent.

Le 6 juin, on voulut arborer le drapeau tricolor; le mouvement fut arrêté, et le colonel Boyer fit arrêter un séditieux.

Le 17 juin, les notables et le procureur du roi se rendirent chez le colonel Boyer, pour l'inviter à faire un mouvement dont l'impulsion était donnée.

Le témoin représente, et on lit des ordres donnés le 6 et le 18 juin, l'un par le colonel Boyer pour réprimer les insurgés; l'autre du capitaine Fromentin pour faire hisser le drapeau tricolor.

On représente le premier ordre au baron Boyer, qui le reconnaît.

Le président au témoin : Avez-vous remarqué de l'agitation parmi les habitans de la Pointe-à-Pitre ?

R. Oui, et une très vive agitation depuis le 15 juin, et elle allait en augmentant.

D. Croyez-vous que cela fut assez inquiétant pour motiver un mouvement?

(69)

R. Je le pense. Cela était très alarmant.

D. Connaissiez-vous les intentions du gouverneur ?

R. J'ai entendu dire que l'amiral voulait recevoir les Anglais. Au reste, le moment était urgent, et peut-être deux jours plus tard il n'eût plus été temps.

D. Croyez-vous que si l'on eût eu l'assurance que les Anglais ne fussent point reçus on eût pu maintenir les habitans ?

R. Je ne le crois pas.

D. Ainsi, c'était donc l'usurpateur dont on voulait le gouvernement ?

R. Le point principal était d'éloigner les Anglais, ensuite les noirs, peut-être....

D. Quel était votre opinion, à vous ?

R. De rester Français avant tout.

M. Merlin, témoin est introduit.

Il était capitaine au 62ᵉ de ligne. Il se trouvait à la Pointe-à-Pitre lors des événemens.

Le 6 juin, il y eut un mouvement pour arborer le drapeau tricolor; le colonel Boyer l'appaisa. Le 17 juin, le colonel Boyer lui donna l'ordre de commander le régiment, parce qu'il emmenait le capitaine Desrivières à la Basse-Terre, où il devait arrêter M. de Vaucresson ; mais il lui dit qu'il ne voulait point attenter à l'autorité du gouverneur.

Le témoin rappelle deux phrases de la lettre du sieur Vaucresson, qui dit que *les Anglais descendraient dans l'île pour mettre la canaille à la raison.*

Le président au témoin : Avez-vous eu connaissance des rassemblemens qui ont eu lieu le 17 juin à la Pointe-à-Pitre ?

R. On me dit qu'il y avait un attroupement d'une trentaine de personnes ; mais je n'ai rien vu.

On appelle M. Hott, témoin; il est commissaire de marine. Il était à la Pointe-à-Pitre dans le mois de juin.

Le témoin raconte l'événement du 15 juin, et les soins que prit le colonel Boyer pour le calmer. Il ajoute : « le 17 juin, des habitans vinrent parler au général Boyer de la fermentation qui existait, et de la nécessité d'y céder. J'affirme qu'alors encore le général refusa de se rendre à leur invitation. Mais l'agitation augmentant, il reçut une nouvelle députation, et ce fut alors qu'il partit pour la Basse-Terre. Les symptômes d'insurrection venaient principalement de ce que le colonel Boyer ayant envoyé le capitaine Fromentin auprès de l'amiral, cet officier revint, et lui dit qu'il était persuadé qu'on recevrait les Anglais. Je le lui ai entendu dire moi-même ».

Le président au témoin : Ne parlait-on pas d'embarquer le gouverneur ?

R. Les gens de couleur seulement ; les classes riches avaient une extrême inquiétude.

D. Est-ce que les gens de couleur des campagnes montraient de la fermentation ?

R. Une agitation extrême. Ils étaient venus se réunir aux gens de couleur de la ville. Je crois bien qu'il y avait près de deux à trois mille hommes réunis sur la place de la Victoire.

Le président au baron Boyer : Je ne vois pas, malgré tout ce qu'on dit du mouvement de la Pointe-à-Pitre, que cela dût vous décider; l'autorité n'était point là, et c'était à l'autorité que vous deviez obéir.

L'accusé. Je sens bien que je me suis égaré dans le choix des moyens, mais je croyais agir pour le salut de la colonie ; maintenant que je suis éclairé, s'agirait-il du même motif, je prendrais d'autres moyens.

Le président au témoin. Etiez-vous à l'assemblée chez le colonel Boyer , lorsque les notables de la ville vinrent l'inviter à se mettre à la tête du mouvement ?

R. Oui ; le procureur du roi lui fit cette observation.

M. Menonville, officier au 62ᵉ régiment, est introduit.

Il était au camp de Beau-Soleil , le 18 juin , lorsque le colonel Boyer y vint et dit aux troupes que l'on voulait recevoir les Anglais dans l'île, et qu'il allait s'y opposer. On échangea la cocarde blanche contre la cocarde tricolore , et ensuite le colonel Boyer se rendit chez l'amiral Linois pour lui demander les dépêches qu'il avait reçues de France. M. Boyer montra une lettre du sieur Vaucresson qui parlait de la prochaine introduction des Anglais.

Le président. Croyez-vous qu'il fût possible que les Anglais arrivassent sans la participation du gouverneur ?

R. Je ne le crois pas.

D. Qu'aviez-vous entendu dire là-dessus ?

R. Rien de positif.

Le rapporteur dit que le témoin est le seul officier qui fut au camp de Beau-Soleil. Je vous prie de l'inviter à parler suivant sa conscience et en se détachant de toutes les espérances d'avancement dont a parlé le colonel Boyer.

Le président au témoin. Je vous rappelle votre serment de dire la vérité.

R. Je la dis tout entière.

L'amiral dit : J'allais au camp, où je félicitais le régiment de sa bonne conduite , et je me fondais là-dessus pour dire que je n'aurais pas besoin des Anglais.

Le témoin. Je me rappelle bien que l'amiral venait souvent au camp et félicitait le régiment ; mais je n'ai mémoire de rien autre chose.

Le président. Dans le régiment, avait-on là crainte que l'amiral n'appelât les Anglais.

R. On exprimait quelquefois cette crainte.

D. Savait-on ce qui s'était passé à la Martinique avec les Anglais ?

R. Très imparfaitement.

D. Quand vous fûtes rassemblés, le 18, au camp de Beau-Soleil, ne fûtes-vous pas étonné de ne pas voir le colonel Vatable ?

R. Non, on n'en eut point d'étonnement.

On introduit M. Darnaud, chef d'escadron, témoin.

Il commandait à Marie-Galande. Il correspondait avec le gouverneur Linois, qui lui mandait de ne pas s'inquiéter des croisières anglaises, qui n'étaient là que pour protéger le pavillon blanc. Il apprit par un pêcheur que l'aviso l'*Agile* était arrivé à la Guadeloupe. Les trois couleurs furent arborées à Marie-Galande. Vingt jours après, le témoin et toutes les autorités quittèrent l'île, après que les Anglais y eurent pénétré.

Le président. Où fûtes-vous employé ensuite ?

R. Je commandai à la Pointe-à-Pitre par l'ordre de l'amiral Linois.

D. Quelle était là l'opinion ?

R. Il y avait des gens qui blâmaient le général Boyer de n'avoir pas pris l'autorité ; d'autres qui disaient le contraire.

D. Les troupes étaient-elles disciplinées.

R. Très bien. On ne parlait ni d'une couleur ni de l'autre.

Le défenseur du baron Boyer fait demander au témoin si les habitans de la Pointe-à-Pitre n'avaient pas conservé un souvenir de reconnaissance envers lui pour les démarches qu'il avait faites lors du mouvement du 18 juin, et s'ils n'avaient pas adressé une lettre de remercimens à ce colonel.

Le témoin répond que les habitans ont fait plus, puisqu'ils avaient écrit au colonel que s'il ne faisait pas le mouvement, ils le feraient eux-mêmes.

A six heures et demie, l'audition des témoins a été terminée.

M. le rapporteur a fait connaître au conseil que tous les témoins appelés par les accusés étaient à la fois à charge et à décharge, attendu que le gouvernement n'avait pu assigner que les mêmes personnes.

Pendant le cours des débats, M. l'amiral Linois et M. le colonel Boyer ont répondu avec beaucoup de calme aux questions qui leur ont été adressées.

La séance a été suspendue, et sera reprise demain à dix heures du matin.

MM. les témoins devront assister à cette séance et à celles qui pourront suivre.

Cinquième séance.

MM. les membres du conseil étant entrés, M. le président demande où est le conseil des accusés. M. le rapporteur répond que le défenseur de M. de Linois lui a dit qu'il allait chercher quelques papiers ; M. le président déclare que la séance est suspendue, et MM. les membres du conseil de guerre se retirent.

A midi et quart, M. le président ouvre la séance, les accusés sont introduits; M, l'amiral prie M. le président de se faire donner lecture d'une pièce qu'il lui remet, et qui contient une adresse que les habitans de la Basse-Terre ont écrite à M. le colonel Boyer, lorsqu'il a été envoyé à la Pointe-à-Pitre à l'arrivée de M. l'amiral.

M. le rapporteur lit cette pièce qui renferme l'expression

de l'estime des habitans, pour la conduite qu'a tenue M. le baron Boyer à la Basse-Terre, et pour les bons sentimens dans lesquels il était à l'égard de la famille royale.

M. le président annonce aux accusés , qu'on va leur donner lecture des commissions rogatoires, et qu'ils aient à faire sur chacune de ces pièces les observations qu'ils jugeront convenables.

Comme nous avons fais connaître ces dépositions écrites dans le compte que nous avons rendu de la première séance, nous croyons inutile de les reproduire ici.

Cette lecture étant terminée sans avoir donné lieu à aucune objection importante de la part des accusés, le rapporteur du conseil de guerre M. le comte de Sesmaisons, a lu le rapport suivant :

Messieurs, lorsque le roi remonta, en 1814, sur le trône de ses pères, il voulut bien tenir compte de tous les services rendus à une patrie qui avait toujours eu les premiers droits sur son cœur; il conserva à tous les Français qui s'étaient distingués, des honneurs qui n'avaient pu être conférés que par lui. Il s'associa surtout à la gloire de l'armée. Nous le vîmes ajouter aux récompenses des braves, et attendre d'eux les succès dont il pourrait avoir besoin encore.

S. M. ne pouvait douter que s'il fallait à la France d'autres jours de gloire, ses guerriers lui obtiendraient de nouveaux triomphes ; mais à cette époque, comme aujourd'hui , il fallait surtout de la tranquillité et de l'union ; la tranquillité devait être pour les temps paisibles le mérite le plus éclatant. Le roi n'hésita pas à croire à la foi des soldats français, confiance justifiée par de nobles exemples de loyauté ; confiance qui fut aussi bien trompée !

M. le contre-amiral comte Durand de Linois, et M. l'adjudant-commandant baron Boyer de Peyreleau ont l'un et l'autre à soutenir ce reproche d'avoir trompé l'attente de leur souverain, et aujourd'hui c'est le même langage que de dire du souverain et de la patrie.

Depuis long-temps la France supportait avec douleur la privation de ses colonies; l'idée de les posséder un jour semblait avoir fui pour jamais; un système qui semblait en désespérer, avait pris placé en France. — Nous avions vu la rage d'en avoir causé la perte, agiter Napoléon de ses fureurs, le conduire sur toutes les côtes; et partout où la mer touche l'Europe, nous l'avions vu proscrire un commerce qui nous était devenu étranger et qui accusait son imprudence...... Ce commerce était redevenu le nôtre, et on peut le dire, la possession des colonies était après le bonheur de la patrie la première merveille du retour du roi.

S. M. veut envoyer veiller sur elle des hommes qui leur rendent leur prospérité, qui les gouvernent paternellement, qui, si loin de la métropole, y remplacent en quelque sorte la providence royale. — Elle veut aussi que ces hommes puissent les défendre de toute hostilité étrangère, s'il venait à en éclater et pour ce dernier dessein, ils doivent y mener des troupes qu'ils commanderont : il faut en un mot que ces gouverneurs soient des sujets du roi braves et fidèles.

S. M. fait un partage admirable de sa confiance. — Un ancien officier, distingué par de longs services, compagnon des adversités de son maître, M. le comte de Vaugiraud, preux et loyal chevalier, est nommé au gouvernement de la Martinique, qu'il a eu le bonheur de conserver sous le pavillon du roi.

Un amiral s'était fait, au milieu des tourmentes de la révolution, une belle renommée; il avait soutenu plus

heureusement qu'aucun autre, l'honneur du pavillon français ; il est homme de loyauté et de courage ; le roi le
nomme gouverneur de la Guadeloupe. — C'était·M. l'amiral Linois, M. le baron Boyer de Peyreleau est nommé
commandant en second.

De quelle impression n'a-t-on pas à se défendre, et quelle
force ne faut - il pas aller puiser dans le devoir pénible qui
nous est imposé, quand nous contemplons l'abattement
d'une grande réputation à laquelle nous allons porter une
atteinte toujours funeste. Que n'avons-nous plutôt à faire
retentir les récits glorieux des combats rendus dans les mers
de l'Inde et dans la baie d'Algésiras ? Mais nous n'aurons
pas du moins dérobé M. de Linois à la protection de ces
faits mémorables, puisque nous avons fait précéder de leur
souvenir l'exposé des délits pour lesquels il est traduit devant ce conseil.

Nous devons aussi à la justice qui présidera à tous ces
débats, de ne pas laisser M. Boyer aux prises avec les charges
accablantes qui vont lui être reprochées. Que des souvenirs
honorables l'assistent aussi dans cette lutte terrible et si dangereuse pour lui. — Oui, messieurs, il fut un temps où
M. Boyer honorait le caractère français, non-seulement
par ses talens, comme le dit son défenseur, mais encore
par ses vertus. On lui a fait un juste titre à l'estime de son
attachement pour l'amiral Villaret, Il fut alors fidèle et
fidèle à l'infortune, quand cet amiral fut poursuivi par la
haine de Bonaparte ; et les colonies lui avaient alors voué,
pour cette conduite, une estime et une confiance... qu'hélas ! il n'a pas employées pour conserver la Guadeloupe au
roi.

Après ce préambule, M. le rapporteur annonce qu'avant
de se livrer à l'examen des faits, il croit devoir donner quelques renseignemens sur les lieux qui ont été le théâtre des

événemens. Il entre en conséquence dans quelques détails précis sur la situation de la Guadeloupe, soit sous le point de vue de ses rapports avec la Martinique., soit sur le nombre et la nature de sa population.

M. le rapporteur raconte les faits que l'on connaît; après les avoir exposés et avant de les discuter, il dit :

« Fidèle aux sentimens d'un loyal rapporteur qui poursuit la justice du roi, mais qui connaît tous les devoirs d'impartialité qui lui sont imposés par sa conscience, quand la rigoureuse justice du prince ne les lui prescrirait pas encore, je soutiendrai l'accusation que je viens de rapporter, par toutes les preuves que j'ai sous les yeux; mais aussi je ne laisserai rien ignorer de ce que les pièces de la procédure contiennent en faveur des accusés ou à leur excuse.

» La défense qu'ils développeront recevra., sur les points que j'aurai ainsi éclaircis d'avance, une force nouvelle. Le tribunal devant lequel je parle me verra avec plaisir, sans doute, prendre tous les moyens d'éclairer sa religion, et la sincérité de celui qui lui expose les faits sera sûrement le premier titre à son approbation.

» Ah ! qu'ils s'éloignent de plus en plus de nous ces temps où l'on a vu des accusés amenés comme des victimes aux sacrificateurs : ces temps où le meurtre secret du prisonnier précédait sa sentence, et où l'assassinat de celui qui venait d'être étranglé pour qu'il ne pût prouver son innocence et le crime de ses accusateurs, était raconté comme le suicide du coupable qui n'avait pu supporter le poids de son crime! Qu'ils fuient loin de nous ces temps où dans l'enceinte du même donjon étaient le cachot, le tribunal et le lieu du supplice...., où le sang des Bourbons coula dans un fossé, pendant la nuit, à la lueur d'une lanterne fixée sur la poitrine du héros qui tombait dans les ténèbres! Qu'ils fuient de plus en plus ces temps d'un règne qui n'est plus.... Et vous, paraissez avec une salutaire assurance, liberté qui présidez à la défense des coupables, comme au triomphe des innocens. Vous ne siégerez plus dans l'ombre pleurante et muette à côté des accusés. Le grand jour éclairera vos nobles traits. La clémence et la compassion seconderont encore votre zèle, et vous ne perdrez désormais la cause que de ceux que tant de secours n'auront pu défendre, car la justice comme le bonheur vient de renaître sous le règne de Louis ».

M. le rapporteur passe à la discussion.

La première idée qui se présente est de rechercher si M. de Linois a été bien sincèrement fidèle au roi avant la journée du 19 juin. Nous sommes fâchés de le dire, mais il paraît que M. le baron de Vaugiraud avait eu antérieurement des soupçons sur la nature des opinions de ce gouverneur; il craignait les effets et les suites d'une conversation qu'il aurait eue avant de partir pour son gouvernement avec M. le duc Decrès; ce sont du moins les soupçons exprimés par M. de Vaugiraud lui-même, dans une lettre qu'il a adressée, dans le temps, au ministre de la marine. M. le rapporteur lit cette lettre et quelques autres sur le même sujet. Il rappelle les explications que M. de Linois a données à cet égard, et fait mention des assurances réitérées que le gouverneur donnait de sa fidélité et de ses bonnes intentions, dans les lettres qu'il écrivait à M. le comte de Lachâtre, alors ambassadeur à Londres.

La seconde question, examinée par M. le rapporteur, est celle de savoir si M. de Linois n'a pas rendu sa fidélité suspecte, en refusant d'accepter les secours qui lui étaient offerts par les Anglais. Il donne lecture, à cette occasion, de la correspondance qui a eu lieu avec les commandans des forces britanniques, et dans laquelle ces secours ont été offerts et refusés. A ce sujet, il lit aussi plusieurs lettres de M. de Blaoas, de M. de Lachâtre, de M. de Vaugiraud et de M. le contre-amiral.

M. le rapporteur poursuit: M. de Vaugiraud, comme on s'en aperçoit par cette correspondance, était loin de partager les opinions de M. de Linois, sur les moyens qu'il convenait d'employer pour la conservation de la colonie;

le premier ne voyait de salut qu'en admettant les Anglais ; l'autre, au contraire, prétendait qu'il pouvait se passer de ce secours, dont il n'a jamais voulu faire usage. Où puisait-il les motifs de cette confiance, lui qui, dans le mois de mai, prétendait que l'apparition du drapeau tricolor suffirait pour soulever tous les habitans ? M. de Linois se retrancherait-il dans l'instruction qu'il avait reçue de ne permettre l'entrée d'aucune nouvelle force, sans un ordre exprès du roi. Mais ces instructions ne pouvaient s'entendre que des troupes de l'usurpateur, et non point des forces d'un allié de S. M. L'accusé dira-t-il que le danger n'était pas assez imminent pour se résoudre à accepter le secours des Anglais ? Les événemens du 6 juin démontrent que cette sécurité ne pouvait pas exister pour M. le gouverneur.

Toutefois, M. le rapporteur convient qu'il y avait en effet à la Guadeloupe une haine très prononcée contre les Anglais, et que M. de Linois a pu trouver dans cette circonstance les raisons de son refus ; ce refus ne lui semble donc pas devoir prouver que M. le contre-amiral se soit rendu coupable de trahison, crime qui, d'ailleurs, ne lui est point imputé par l'ordonnance qui l'a mis en jugement.

M. de Sesmaisons s'occupe de ce qui a rapport à l'arrivée à la Guadeloupe, le 12 juin, de l'aviso l'*Agile*, dont le commandant portait la cocarde tricolore. Dans cette circonstance, M. de Linois a tenu une conduite qui ne peut pas faire supposer qu'à cette époque il eût songé à oublier ses sermens. Cependant, la précaution qu'il prit de recevoir, au lieu de les refuser, les dépêches qui lui furent remises, et de les faire mettre sous le scellé, où elles étaient nécessairement un objet de tentation, ne mettent pas M. le contre-amiral à l'abri de quelque soupçon, sinon d'avoir eu une arrière-pensée, au moins d'avoir montré de l'irrésolution.

M. le rapporteur passe à l'examen des événemens du 18 juin. Il recherche s'il est vrai, comme l'a prétendu M. Boyer, que ce dernier ait été forcé, pour sauver la colonie, de se mettre à la tête d'un mouvement qui aurait inévitablement éclaté sans lui. Il rappelle qu'aucun témoin n'a rendu compte de circonstances, telles qu'il y ait eu urgence à opérer ce mouvement; à ce sujet, il donne lecture de quelques lettres (antérieures au 18) adressées par M. Boyer à M. de Linois, et dans lesquelles le premier n'exprimait point la crainte qu'il dût jamais se trouver obligé de recourir à de pareils moyens.

Ici le comte de Sesmaisons rappelle que, le 17 au matin, M. Boyer quitta la Pointe-à-Pitre, en la laissant sous le commandement de M. Fromentin, pour se rendre au camp de Beau-Soleil, où, le 18, il fit arborer les trois couleurs; au même instant ces couleurs furent prises à la Pointe-à-Pitre, par les soins du capitaine Fromentin, qui, sans doute, avait reçu des instructions en conséquence.

M. Boyer, poursuit M. le rapporteur, a affirmé qu'il n'avait jamais donné l'ordre de faire mettre le gouverneur de la colonie en état d'arrestation, et qu'à cet égard il n'avait rien fait que pour préserver M. de Linois de toute atteinte de la part des habitans; et d'abord rien ne démontre que M. le gouverneur fut réellement en danger; car d'un côté le foyer de la révolte n'était pas à la Basse-Terre, mais seulement à la Pointe-à-Pitre; et d'une autre part, M. le contre-amiral avait une garde fidèle, bien capable de le faire respecter au besoin. M. Boyer a prétendu ensuite que jamais il n'avait eu l'intention de s'emparer de l'autorité. Afin de repousser cette assertion, M. le rapporteur argumente d'un billet dont il donne lecture, billet écrit à M. de Linois par M. Boyer, et dans lequel ce dernier annonce au premier, que puisqu'il ne veut pas conserver le gouvernement, il le prend pour lui dès ce moment.

Il est certain que M. de Linois reçut plusieurs députations pour l'inviter à conserver l'autorité, mais il est malheureusement positif qu'il donna son assentiment aux mesures qui avaient été prises, et qu'il a gouverné la colonie au nom de l'usurpateur. M. Linois prétendrait-il qu'il n'a pris cette résolution que dans des vues d'intérêt public, et avec l'intention de rétablir les couleurs blanches, aussitôt que des circonstances plus heureuses le permettraient? A cela, M. le rapporteur répond par une proclamation de M. de Linois, et par une lettre qu'il écrivit, le 25 juillet, au duc Decrès, pour solliciter des secours, afin de conserver la colonie sous le pavillon tricolor.

Après avoir donné plusieurs autres détails, dans lesquels il a développé les charges qui pèsent sur les accusés, et suivi le cours des événemens jusqu'au moment de la capitulation du 10 août, M. le rapporteur exprime que si la conduite des accusés fut coupable, la bienveillance de M. l'amiral anglais Durham fut d'une nature un peu équivoque.

Il est bien extraordinaire, dit-il, que M. l'amiral Durham qui, le 14, avait auprès de la Guadeloupe relâché la goëlette française qu'il savait être bien dangereuse, et qui fut depuis à la Martinique, puisqu'il y prit les dépêches de M. de Vaugiraud, ne paraisse point avoir fait part de cet événement bien important à ce gouverneur général, et que reparaissant à la Guadeloupe avec des dépêches, le 19, il ait été très surpris d'une révolution qui lui avait été présagée, s'il n'empêchait pas ce bâtiment de communiquer avec l'île.

M. le rapporteur continu en ces termes :

« M. de Linois affirme n'avoir repris le commandement que pour épargner de plus grands maux à la colonie. Il a craint, prétend-il, le soulèvement des nègres. Il peint l'ardeur de ceux qui avaient pris part au mouvement comme si grande, qu'ils auraient été capables de se livrer à tous les excès pour le soutenir. Vous avez été à même de recueillir, sur le plus ou le moins de dangers de cette espèce que la colonie pouvait courir, des témoignages qu'ils existaient, mais qu'ils pouvaient être prévenus.

» Vous apprécierez s'il convenait bien à M. de Linois de revendiquer l'honneur de les écarter au prix de tous ses autres devoirs et de l'oubli de ses sermens ; s'il n'eût pas mieux valu laisser ce soin à M. Boyer, que nous croyons, malgré tous ses torts, d'un caractère assez humain et même assez élevé pour qu'il n'eût pas voulu voir la colonie se couvrir de sang.

» M. Boyer, tout en reconnaissant combien sa conduite est coupable, et comme militaire et comme sujet, déclare qu'il n'a pas connu l'étendue de sa faute. Que pressé par les sollicitations, égaré par des têtes ardentes, et effrayé surtout par l'idée qu'il a conçue d'une révolution parmi les esclaves, il a cru devoir céder à ces considérations. On remarque cependant une contradiction apparente dans ce mouvement qui lui fait éloigner les hommes soupçonnés d'avoir désiré l'admission des Anglais, et qui lui fait conserver le gouverneur qu'il représente comme le plus violemment accusé de favoriser les étrangers. Si je cherche à résoudre ce problème, et que je me rappelle ensuite les lettres du 16 juin, où M. Boyer est si inquiet du jugement que portera de lui la France, n'en trouvai-je pas ainsi la solution ?

» Une population effervescente pour obtenir un pavillon, pour elle le pavillon de la licence ; une classe d'habitans craignant les Anglais, pour les intérêts de leur commerce, et désirant tout à la fois le bon ordre, se sont trouvés sous un commandant, dans le cœur duquel se trouvaient de plus grandes oppositions encore.

» Là se combattaient les sentimens des devoirs envers

son roi, le respect accoutumé pour son chef, un désir sincère de préserver la révolte des esclaves, un sentiment de haine pour les Anglais, dont la présence pouvait empêcher ces malheurs ; et, disons-le, une inclination inconcevable, mais d'habitude, peut-être, pour l'ordre des choses qui venait de s'établir en France. M. Boyer a voulu concilier tous les élémens inconciliables ; il a voulu que les Anglais n'entrassent pas dans l'île ; et quoique peut-être convaincu lui-même, avec les gens raisonnables, que le gouverneur ne voulait pas les admettre, éviter que cette populace turbulente, impossible à convaincre, ne pût prétexter de plus longues inquiétudes pour se révolter. Il leur a rendu ces couleurs, qu'il préférait peut-être lui-même ; il a pensé que, manquer à son chef moins qu'on ne l'engageait à le faire, était lui montrer quelque déférence ; l'avenir présentait cette incertitude, asile des esprits hasardeux ; et, dans tout cet arrangement, il n'y a eu de complètement abandonné que la fidélité à un roi malheureux ».

M. le rapporteur a ensuite détruit l'inculpation résultante de quelques unes des pièces relatives à un projet de soulever les esclaves, que l'on a semblé prêter aux accusés. L'honneur de nos officiers et l'honneur national, dit-il, sont lavés sur ce point. M. le rapporteur ajoute que la conduite de M. de Linois lui attira une dénonciation au ministère de Bonaparte, et en outre, que le contre-amiral fit une proclamation pour annoncer qu'il n'avait aucune arrière-pensée. Il mentionne encore une lettre de M. de Linois à M. Moreau de Joannès, et laisse au défenseur de l'accusé à faire valoir ces pièces ; enfin il termine en disant que M. de Linois avait chargé M. Schmalz de pièces justificatives, ainsi que d'un mémoire à faire pour les ministres du roi, et si l'on admet ce fait difficile à contester, puisque les pièces dont il s'agit ont été remises à l'arrivée de M. Schmalz en France ; il est certain, dit M. le rapporteur lui-même, qu'au 4 juillet, époque du départ de M. Schmalz, M. de Linois ignorait que la providence eut de nouveau consacré les droits de notre souverain.

« J'entre, messieurs, dans la partie la plus difficile du ministère que j'ai à remplir auprès de vous. Les circonstances atténuantes, j'ai dû les recueillir ; mais à présent il faut que je les abandonne après les avoir recommandées une dernière fois à votre sollicitude pour ne plus envisager que les faits et les principes immuables qui gouvernent la loi.

» Après avoir fait passer sous vos yeux l'exposé et la discussion des délits, il faut encore que mon opinion sonde en quelque sorte le terrain sur lequel vous allez établir votre jugement. Je ne puis contempler sans effroi des devoirs si graves, et quoique je sache assez que j'ai l'honneur de parler devant des hommes, arbitres de la fidélité dont ils ont été l'exemple, et qui ne prendront ici d'autre opinion que la leur, je ne puis trouver de confiance que dans la scrupuleuse attention avec laquelle j'ai recueilli toutes les lumières. Mais avec quelque bonheur que je me fusse convaincu de la justification des accusés, je ne puis m'empêcher de voir à quel délit l'un s'est porté, et l'autre s'est laissé entraîner. Ils sont accusés l'un et l'autre *d'insubordination, de révolte et de désobéissance.* (Texte de la plainte) ».

M. le rapporteur ajoute qu'il laisse à la prudence du conseil le soin de décider s'il ne jugera pas convenable en conséquence, d'appliquer aux accusés l'article 21 du titre 2 de la loi du 19 octobre 1792 ; l'article 14, section 4, titre 1er de la loi du 12 mai 1793 ; et les articles 3, 6 et 9, titre 8 de la loi du 21 brumaire an 5.

M. le rapporteur, qui a toujours parlé d'abondance, et qui s'est exprimé avec beaucoup de clarté et d'éloquence, termine ainsi :

» Ma pénible tâche est remplie, et je n'y puis trouver de consolation que dans la conviction intime que les accusés eux-mêmes me rendront une justice que, soit dans les débats, soit dans le rapport, tout ce qu'il était possible de faire pour eux, je l'ai fait, et que le censeur de leur condnite ne s'est pas montré insensible à leur infortune ».

Il est six heures et demie, , M. le président annonce que la séance est suspendue, et qu'elle sera reprise demain à dix heures, pour entendre les avocats. M⁰ Gairal parlera le premier.

Sixième séance.

La séance s'ouvre à onze heures et demie.

Les accusés sont introduits.

M. le président se lève et dit : Messieurs les défenseurs, avant de vous donner la parole, je dois vous prévenir, au nom du conseil de guerre, que vous aurez toute la latitude qu'il nous est permis de vous accorder. Cette faculté, que nous vous donnons, part de notre devoir; elle part aussi de notre cœur. Habitués à parler dans cette enceinte, vous savez mieux que nous quelle mesure vous devez garder. Je vous invite à ne point vous en écarter, et surtout à vous interdire tout ce qui pourrait porter atteinte au respect que vous devez au gouvernement. Comme président du conseil, je ferai respecter le gouvernement, comme président du conseil, je ferai respecter le conseil de guerre.

M. le président s'étant assis, M. Gairal, défenseur de M. de Linois, a parlé ainsi :

Messieurs, M. l'amiral Linois est amené devant vous comme prévenu d'infidélité, de parjure et de révolte. Je ne viens point gémir de sa situation actuelle; M. de Linois a demandé lui-même à être mis en jugement. La fatalité des circonstances avait mis sa loyauté en question; dans son acte d'accusation, dans l'instruction de son procès,

M. l'amiral vous proteste qu'il ne voit que l'indulgence de son roi.

Cependant, Messieurs, un soupçon bien grave, bien douloureux pèse sur son cœur; vous avez entendu M. le rapporteur mettre en doute si M. de Linois avait sincérement aimé son roi avant les événemens qui font le sujet de son accusation; il faut donc que je vous pénètre bien de ma conviction personnelle sur ce point, que jamais le roi n'eut de serviteur plus fidèle que M. de Linois. C'est dans cette intention que je vous demanderai la permission de vous rappeler quelle a été la vie de M. de Linois. Vous trouverez sans doute dans ses actions cette grandeur qui repousse presque toujours des sentimens bas et indignes de l'honneur.

M. de Linois n'appartient pas à une de ses familles qui ont attaché leur nom au berceau de la monarchie, mais la sienne jouissait d'un rang honnête et était honorablement connue dans les armes.—Ici le défenseur donne un précis de la vie de Linois, des services de ses parens, et de ses faits d'armes.

En 1814, M. de Linois, sortant des prisons d'Angleterre, fut nommé par S. M. gouverneur de la Guadeloupe. Il s'attachait à faire oublier aux habitans de cette colonie les longs malheurs qui avaient pesé sur eux, quand la nouvelle des événemens funestes qui s'étaient passés en France fut apportée dans cette île. Tous les élémens des partis qui s'étaient agités si violemment pendant la révolution furent éveillés; il fallut alors une extrême sagesse pour conserver la paix dans le sein de la colonie et pour empêcher que l'ébranlement qui avait eu lieu en France ne se ressentît à la Guadeloupe.

Rempli d'amour pour le roi, à qui il avait juré de conserver cette colonie, M. de Linois n'était embarassé que sur les moyens d'y parvenir ; mais aussi cet embarras était extrême.

Non loin de l'île de la Guadeloupe, est celle de la Martinique, le gouvernement en avait été confié à un de ces chevaliers d'antique race qui verraient le monde s'ébranler plutôt que leurs principes et leur attachement au roi. M. de Linois quoique placé sur la même ligne d'autorité que M. le comte de Vaugiraud, s'empressa de correspondre avec lui, mettant dans ces rapports la déférence la plus entière.

Une question vint s'agiter entre les deux colonies, mais cette question ne pouvait se résoudre de la même manière, parce que les intérêts des deux îles étaient effectivement différens.

Au commencement de la révolution, la Martinique fut soustraite aux horreurs de 93, par les Anglais qui s'en emparèrent, et conservèrent cette possession jusqu'en 1814. La Guadeloupe au contraire, ressentit toutes les secousses qui ébranlèrent l'ordre social en France, la liberté des nègres y fut proclamée, les Anglais s'en emparèrent un moment, mais l'effervescence générale parvint à les en expulser. Jusqu'à 1810, à cette deuxième entrée, ils exercèrent des actes de sévérité qui achevèrent d'exaspérer les habitans. Il en résulte que la Martinique regardait les Anglais comme des sauveurs, tandis que la Guadeloupe voyait en eux des oppresseurs. Ce qui pouvait convenir parfaitement à la Martinique, était donc absolument impraticable à la Guadeloupe, on en eut une preuve non douteuse quand les Anglais se présentèrent devant Marie Galande, une fermentation générale fut sur le point d'éclater, et le seul bruit que M. de Linois voulait recevoir les Anglais, manqua soulever la population entière.

M. de Linois fort des bonnes dispositions d'une grande

partie des habitans et de l'excellente esprit du 62ᵉ régiment,
n'avait donc d'autre chose à faire, que de faire tous ses
efforts pour empêcher que l'île ne communiquât avec la
France, tant qu'elle serait sous la domination de l'usurpateur. — Il prit à cet égard des mesures même extraordinaires; il pria M. l'amiral Durham d'établir une croisière
dans les eaux de la Guadeloupe, et il fit tout pour faciliter
cette croisière.

Mais enfin, l'Aviso l'*Agile* arrivé de Rochefort est pris et
remorqué par un vaisseau anglais. On demande à l'amiral
ce qu'on doit faire de ce bâtiment. M. de Linois prie qu'on
empêche le bâtiment de communiquer avec l'île.

M. l'amiral Durham arrive à la croisière, et fait cesser
la remorque. Le lieutenant Forsan profite de cette liberté
pour se jeter dans les eaux de la Guadeloupe; il débar-
que avec ses dépêches, que le gouverneur refuse d'ouvrir;
il demande à séjourner pour raccommoder son bâtiment,
ce qui lui est interdit, et il part à l'instant même.

L'arrivée de cet officier, porteur de la cocarde tricolore, excite la curiosité publique : un poste de garde nationale quitte la cocarde blanche; le gouverneur relève
ce poste, et envoie au fort les hommes qui le composaient;
il parvient à rétablir la tranquillité à la Basse-Terre. Après
ce rapide mouvement de fermentation qu'avait excité l'arrivée de l'officier qui portait la cocarde des rebelles : tout
était rentré dans le plus grand ordre, pas le moindre motif de crainte pour M. de Linois; mais pendant que ce
calme régnait à la Basse-Terre, des rumeurs sourdes se
répandaient à la Pointe-à-Pitre. — M. de Linois écrit à
M. Boyer pour l'instruire de ce qui venait de se passer.
M. le baron Boyer répond qu'on voit avec beaucoup d'inquiétude que M. de Linois a livré les Saintes aux Anglais, qu'on se défie de cette croisière, qu'on qualifie

d'inviolable, et qu'on craint *qu'au bout du compte*, les Anglais ne soient reçus dans la colonie comme ils l'ont été dans celle de la Martinique, et que ce serait le signal de la guerre civile.

Cette lettre aurait été de nature à donner des inquiétudes à M. de Linois, si le même jour l'arrivée de M. de Clavaut n'était venu jeter des allarmes plus réelles.

Il lui apprend que le capitaine Desrivières travaille les troupes à la Pointe-à-Pitre, que les habitans sont très mécontens du renvoi de la goëlette l'*Agile*, et qu'il ne serait pas impossible qu'ils arborassent le lendemain le drapeau tricolor; mais on lui dit en même-temps que M. Boyer continue à se bien conduire.

M. de Linois alors n'a rien à redouter, tout était tranquille à la Basse-Terre; le régiment continuait à se bien comporter, on peut compter sur M. Boyer. Il lui écrit qu'il met le drapeau blanc sous la sauve-garde de son honneur, et il lui donne l'ordre d'envoyer à la Basse-Terre le capitaine Desrivières.

Le 17 au matin, un autre habitant de la Pointe-à-Pitre lui apprenait que le drapeau de l'usurpateur avait été arboré dans cette ville, lorsqu'un officier (le capitaine Desrivières) arrive au gouverneur le sabre nud à la main, lui demande avec insolence les dépêches qu'il a reçues, et lui déclare qu'il est son prisonnier. M. de Linois vous a dit lui-même avec quelle énergie il s'est présenté désarmé au devant de cet officier révolté; il lui exprime toute son indignation, et demande à parler au colonel Boyer qu'on lui dit être l'auteur de ce mouvement insurrectionnel. — M. de Linois résiste à ce dernier comme il a résisté au capitaine Desrivières; il est obligé par la force d'ouvrir les dépêches qu'il tenait renfermées dans son secrétaire. — Ces dépêches sont décachetées; mais pendant ce temps la

révolution était faite à la Guadeloupe ; monsieur le gouverneur prisonnier dans sa chambre, abandonné de monsieur Guilhermy ; la deuxième colonne de l'île, et qui
avait quitté la Basse - Terre, où il n'est point revenu
depuis privé de M. le colonel Vatable et de M. Schmalz.
M. de Linois est cependant resté ferme dans son devoir,
deux fois il déclare en plein conseil qu'il veut quitter la
colonie, qu'il ne reprendra plus son autorité, parce qu'il ne
croit plus que cette autorité puisse servir à son roi. C'est
dans cette disposition qu'a fini la journée du 18.

Cependant, le 19 au matin, de nombreuses députations
des habitans viennent lui remontrer la situation désastreuse
où ils vont se trouver. Quatre-vingt-dix mille âmes de
population noire opposées à seize mille blancs; les semen-
ces de fermentation et d'indépendance qui ont été jetées
par la révolution, et qui étaient prêtes à ramener toutes
les horreurs de Saint-Domingue; tels sont les motifs que
les habitans honnêtes de la Guadeloupe mettent en avant
pour l'engager à conserver une autorité qui pût les sauver de tant de désastres, mais ces motifs d'humanité si puissans
pour une âme généreuse, n'étaient ni les seuls, ni les plus
forts qui pussent se présenter pour engager M. de Linois
à conserver le gouvernement de la colonie. M. de Linois
a toujours dans son cœur le désir ardent de servir son
roi. Il n'a pas perdu l'espoir de pouvoir rétablir un jour
ce drapeau blanc, qu'il a tout fait pour maintenir ; comment le pourra-t-il, s'il quitte la colonie ? Ne sera-t-elle
pas perdue à jamais pour le roi, cette île que M. de
Linois a juré de lui conserver, si l'autorité est abandonnée
à des personnes qui peuvent être attachées à l'usupa-
teur.

Le défenseur établit avec beaucoup de chaleur l'impos-
sibilité que M. de Linois fut conduit par le désir de servir

les intérêts de Bonaparte ; il déduit toutes les raisons qu'il pouvait avoir au contraire de craindre tout de la colère d'un maître dont il avait été le dernier à reconnaître l'usurpation dont il avait refusé d'ouvrir les dépêches pendant 50 jours , dont il avait puni tous les partisans avec la plus grande sévérité, et dont il ne voulut pas permettre que le bâtiment parlementaire séjournât un seul jour à la Guadeloupe, même pour réparer ses agrets.

L'avocat se pose à lui-même ces deux questions : l'amiral a-t-il continué ses fonctions pour l'usurpateur, sans hésitation ? Ses fonctions ont-elles été de longue durée ?

Sur le premier point, le défenseur développe toute la résistance qu'a apportée l'amiral à continuer ses fonctions. Il soutient que cette résistance a duré jusqu'au 19 juin.

Ce jour là il reprend l'autorité, mais d'après l'invitation de tous les habitans, mais d'après la considération des malheurs inouis qui allaient fondre sur la colonie ; c'est pour ces considérations qu'il sacrifie son repos , qu'il compromet un moment sa réputation , et jusqu'à sa justification. C'est donc au salut de la colonie que l'amiral s'est dévoué. Il n'a point pensé à l'usurpateur.

L'avocat discute ensuite les proclamations et les arrêtés de son client. Il le peint comme soumis à la tyrannie locale; il cherche à prouver que tous ces actes sont le résultat de l'obsession. Dégageant ensuite l'amiral de cette influence, il le représente comme voulant conserver au roi, pour des temps plus lucides, une colonie importante. Il représente l'amiral faisant respecter les personnes et les propriétés, et s'en tenant , dans ses arrêtés, à des menaces vaines qu'il n'était point dans sa pensée d'exécuter. Il suppose pour un moment que l'usurpateur se fût maintenu ; quel mérite alors l'amiral eût-il pu se faire devant lui de son retour prétendu aux couleurs de l'usurpation ?

Aucun, dit l'avocat ; Buonaparte n'eût vu en lui qu'un ambitieux cupide : l'amiral le savait bien ; mais sa seule pensée était de servir son roi.

Le défenseur retrace la conduite de l'accusé sous le règne même de l'usurpateur. L'amiral remet à M. Schmalz, à son départ pour la Hollande, des lettres pour les ministres du roi, lettres dans lesquelles il proteste qu'il est toujours resté fidèle. L'amiral brave tous les dangers que ce moyen de justification pouvait lui faire courir. Il fait plus, il donne des instructions verbales à son fils.

L'avocat arrive au point délicat des relations de l'amiral avec M. de Vaugiraud. Il loue d'abord leur bonne intelligence ; et passant ensuite aux événemens qui ont séparé ces deux fonctionnaires, il pense que M. de Vaugiraud n'a point pu juger sainement de l'état de la Guadeloupe sous le rapport de l'opinion publique.

Il revient ensuite sur les proclamations faites par l'amiral, au nom de l'usurpateur. Il n'y trouve pas un mot qui blesse le respect dû à la majesté royale ; on n'y remarque, dit-il, aucune de ces expressions prodiguées par les partisans de l'usurpateur, et qui, ajoute l'avocat, *ont si bien peint pendant tant d'années la bassesse et l'abjection de leurs âmes.*

Après ce mouvement oratoire, le défenseur a repris la discussion sous le second point qu'il s'était donné en commençant.

Il discute les actes de l'administration que l'amiral a conservée pour l'usurpateur. Il parle de l'arrestation du colonel Vatable, et il soutient qu'elle a eu lieu dans l'intérêt même de M. Vatable. Il essaie également de disculper son client des mesures prises contre M. de Marian et M. de Guilhermy.

L'avocat raisonne ensuite sur les rapports qui existaient

entre M. de Linois et M. de Vaugiraud. Il veut prouver que le premier était l'égal du second dans les premiers temps, et qu'à l'époque où M. de Vaugiraud reçut l'autorité sur M. de Linois, ce dernier ne put pas recevoir la notification officielle de ce nouvel ordre de choses. On a entendu dire à la Guadeloupe qu'une proclamation de M. de Vaugiraud a été publiée; elle peut faire un mal affreux : ne faut-il pas alors que M. de Linois y réponde, sous peine de voir l'anarchie se répandre à la Guadeloupe ?

Arrive la discussion sur un quatrième chef d'accusation, celui qui résulterait de ce que l'amiral aurait refusé d'admettre le secours des Anglais pour calmer les troubles qui auraient pu naître dans la colonie. L'avocat oppose à cette inculpation la défense du roi de recevoir dans l'île aucune troupe étrangère.

L'avocat arrive enfin à la péroraison. Il résume son plaidoyer qui avait duré depuis onze heures du matin jusqu'à quatre heures du soir. Il allègue qu'il n'est résulté ni mal, ni tort de l'administration de M. de Linois, et qu'il en serait sorti de son embarquement, qu'ainsi il ne peut y avoir aucun déshonneur, aucune peine pour ce gouverneur.

L'avocat de M. le baron Boyer prend ensuite la parole.

Il annonce qu'il se renfermera dans la fatale journée du 18 juin. Il reprend cependant les faits à partir du mois de mai, et parcourt les divers dégrés de la fermentation qui avait pris naissance à la Guadeloupe. Alors on apprit l'entrée des troupes anglaises à la Martinique. Les vexations qu'ils exerçaient sur les côtes de la Basse-Terre avaient donné de l'ombrage et fait penser que le pavillon blanc pouvait être le signal de l'introduction de ces étrangers.

Le général Boyer en écrivit à l'amiral Linois et à plusieurs autres commandans ou administrateurs. Le 17 mai, il se plaint encore des croisières anglaises : depuis cette époque, tous les jours le baron Boyer correspond avec toutes les autorités jusqu'au 17 juin. Mais de jour en jour les circonstances deviennent de plus en plus difficiles : et à qui doit-on cet état d'inquiétude et d'anxiété ? aux Anglais, dit le défenseur ; aux Anglais, qui voulaient allumer un incendie horrible pour se donner ensuite le prétexte de l'éteindre, mais dans le désir de s'approprier l'île de la Guadeloupe.

Le 15 juin, M. de Forsan arrive à la Basse-Terre. Il avait une cocarde tricolore ; dès ce moment, tout fut perdu. Le lendemain, le général Boyer écrivit au gouverneur sur cet événement avec une vivacité qui décèle les vrais sentimens d'attachement pour sa patrie. Il n'y joignait que de la haine pour l'usurpateur, puisque le 6 juin, il arrête de sa propre main un habitant qui avait invoqué ce nom.

L'avocat retrace les événemens du 17 juin. Il parle de trois lettres que reçut le général Boyer dans la soirée du 17, celle entr'autres du sieur Auguste Vaucresson, qui annonçait l'arrivée des Anglais.

Dans la même soirée, une députation le presse de diriger le mouvement qui aurait lieu sans lui, et peut-être contre lui, mais qui aurait alors l'effet inévitable de livrer les colons à la fureur des gens de couleur.

Le capitaine Fromentin vient ajouter aux alarmes : que devait faire le général Boyer ? Il lui était impossible de ne pas céder à l'impulsion qui lui était donnée. Mais en se rendant à la Basse-Terre, devait-il abandonner la Pointe-à-Pitre à elle-même ? Etait-il possible de contenir une population qui exécrait les Anglais, et pour qui étaient bons tous les moyens d'échapper à leur domination ? Le défenseur donne les raisons qui repoussaient ce système de conduite. Le général Boyer arrive au camp de Beau-Soleil ; il harangue les troupes ; dans son dis-

cours il ne lui échappe rien d'offensant contre la famille
-des Bourbons.

Il emmène avec lui le capitaine Desrivières ; c'étaient
des motifs de tranquillité qui le portaient à ne pas laisser
ensemble deux capitaines qui se haïssaient. Le capitaine
Desrivières outre passe ses pouvoirs, et devant un conseil
le général Boyer est le premier qui demande sa punition.
Il fait des excuses au gouverneur et demande le maintien de
son autorité.

Il naît des troubles à la Basse-Terre ; à qui faut-il les
attribuer ? Au gouvernement de l'usurpateur sous lequel
le général Boyer ne voulait pas commander et sous lequel
l'amiral ne le voulait plus.

L'avocat parle ensuite de l'arrestation du sieur Schmalz
et du sieur Vaucresson. Pourquoi, en même temps qu'on
prenait des mesures contre eux, on respectait M. de
Guilhermy, qui n'avait pas moins qu'eux d'amour pour
le gouvernement paternel, c'est que les premiers avaient
des ennemis, et que le gouverneur lui-même ne les avait
pas défendus contre les mesures qu'on provoquait. Il n'y
a donc rien de répréhensible à cette occasion dans la conduite du général Boyer.

Le 19 juin, l'amiral anglais Durham envoie à terre un
officier. On se réunit chez le gouverneur, et là, toutes les
voix s'écrient que la journée du 18 a sauvé la colonie.

Que se passe-t-il depuis ce jour ? La tranquillité renaît,
la majorité des habitans se calme et comprime les agitateurs. On ne vit plus reparaître les Anglais que le 8 août,
lorsqu'ils attaquèrent la colonie en ennemis.

Y a-t-il eu révolte ou ambition du général Boyer ? Mais
rien n'était plus facile que de se satisfaire dans les journées
des 18 et 19 juin, Que fait-il depuis ? Il reste paisible
subordonné du gouverneur, qui le garde auprès de lui,

à cause des dispositions hostiles que manifestaient de tems à autre les Anglais.

L'avocat discute ensuite la question de savoir s'il y a eu révolte de la part du général Boyer. Il lit la loi du 28 octobre 1791, qui précise le délit, en le qualifiant de rassemblement contre l'ordre de son chef, et qui se serait maintenu réuni contre les sommations qui auraient tendu à la dissoudre.

L'affaire du général Boyer n'est point dans le cas de cette loi, et s'en approchât-elle autant qu'elle s'en éloigne réellement, la question intentionnelle viendrait encore, prendre place dans la discussion. On demanderait encore si, dans les temps les plus malheureux, si, placé sous l'empire terrible des circonstances les plus impérieuses, le général Boyer avait eu toute la liberté de ses actions.

» Le général Boyer, dit-il, invoquerait avec confiance le témoignage même de M. le gouverneur sur la pureté de ses intentions. Vous l'avez suivi avec moi au milieu des circonstances difficiles dont se compose cette malheureuse affaire; vous l'avez vu entouré par des événemens qui se combinaient avec une effrayante rapidité pour l'agiter; vous avez sondé avec moi le fond de son cœur; vous n'y avez trouvé ni mouvemens de haine, ni motifs de vengeance, ni vues ambitieuses, vous n'y avez trouvé qu'un dévouement aveugle pour sa patrie et pour son roi; qu'une aversion extrême pour la domination anglaise. Je m'arrête ici, messieurs, plaider plus long-temps une pareille cause, serait oublier que je parle devant des Français ».

Après ce plaidoyer qui assigne à M. Legouix, et comme avocat, et comme logicien, une des premières places dans le barreau de Paris, M. le président déclare la séance suspendue pour quelques instans.

L'audience ayant été reprise, M. le rapporteur a la

parole : « Il est bien consolant pour nous, dit-il, qu'aucun des faits que nous avons posés n'a été renversé; mais nous devons rétablir ceux qu'ont entouré un prestige trompeur ».

L'orateur pense que M. le comte de Linois doit être absous de tout sentiment funeste, dans sa conduite avec les Anglais. Je parcours cette idée en admettant celle que l'amiral Durham ne devait point attaquer le pavillon tricolor, puisqu'il n'en avait point l'ordre.

Il pense que M. Boyer n'a pas pu croire qu'en arborant le pavillon tricolor, il sauvait la colonie, car c'était évidemment livrer la colonie aux Anglais.

Monsieur le président donne la parole au commissaire du roi.

Le fonctionnaire dit qu'il n'a point à s'occuper du fonds de l'affaire qu'il ne doit voir que l'observation des formes et l'application de la loi. Mais il ajoute qu'il est douloureux de voir un amiral, célèbre par ses combats dans l'Inde et dans la baie d'Algésiras, et un colonel qui, jeune encore, avait déjà mérité l'estime publique, accusés de complicité d'un crime horrible.

Il rappelle au conseil les articles de la loi du 13 brumaire an 5 sur les formes de la délibération et du jugement.

M. le baron Boyer prend alors la parole, et prononce le discours suivant :

« Messieurs, si j'avais eu à composer moi-même le tribunal qui va bientôt prononcer sur ma vie, mon choix ne serait pas tombé sur des hommes dont le caractère personnel dût m'inspirer plus de confiance.

» Je ne puis mieux m'exprimer à M. le rapporteur, la sensibilité que m'ont inspirées les formes, les égards avec lesquels il a si bien tempéré le ministère de rigueur qu'il

7

a été obligé de remplir, qu'en nous priant de prendre en considération toute la première partie de son éloquent rapport.

« Je remercie, M. le procureur du roi, je remercie tous nos juges, de l'attention qu'ils ont apportés aux débats de ce funeste procès.

» Je témoigne particulièrement à mon défenseur ma reconnaissance pour le zèle et les soins qu'il a mis à ma défense. J'ai peu de choses à ajouter à ce qu'il vous. a dit.

» Je prie d'abord le conseil de considérer attentivement, qu'ayant été fidèle au roi jusqu'au 18 juin, ayant jusqu'à cette époque comprimé tous les mouvemens insurrectionnels, je n'ai pu me résoudre à céder plus tard à ces mêmes mouvemens que lorsqu'ils eurent pris un caractère allarmant pour la colonie.

» Je ne parle pas seulement de l'esprit particulier de la Pointe-à-Pitre; j'appelle surtout l'attention du conseil sur la fermentation excitée parmi les Nègres.

» Sans doute, il est bien connu que tous les habitans de la Guadeloupe avaient un vif sentiment d'antipathie contre les Anglais. Les meilleurs habitans de l'île redoutaient leur domination. Les malveillans trouvaient dans cette appréhension un prétexte pour travailler l'esprit public, et surtout du peuple noir.

» Je dis un prétexte; car, ce que voulaient les Nègres, c'était surtout la liberté : voilà ce dont on les flattait en secret; mais voilà aussi ce qui eut infailliblement entraîné la ruine de la colonie; si, au lieu de me rendre maître du gouvernement, pour en régler les effets, j'eusse laissé le peuple et les agitateurs recommencer les horreurs de 1794.

» C'est cette crainte, je le répète, je l'affirme sur mon

honneur, qui a seule pu me déterminer à diriger le mouvement du 18.

» Si j'ai paru partager les préventions populaires contre M. le gouverneur, c'est qu'autrement il eut été impossible de rassurer les esprits. Du reste, mon affection bien sincère, mon profond respect pour M. le gouverneur, sont assez attestés par les égards dont j'avais ordonné qu'il fût l'objet, par la punition de l'officier qui avait eu l'insolence de lui manquer par une soumission ultérieure à ses ordres, et par la bonne intelligence qui, depuis, n'a cessé de régner entre nous.

» Au surplus, je supplie M. l'amiral d'accepter de nouveau les excuses que je ne crains pas de lui adresser devant vous. J'ai commis une faute envers lui ; mais j'ose espérer qu'il me l'a déjà pardonnée, du moment où il a reconnu mes véritables motifs.

J'ai commis une faute envers mon souverain légitime ; j'ai mal choisi mes moyens. Avec des intentions toujours pures, j'ai erré ; c'est encore devant vous, messieurs, que j'en fais l'aveu.

» Mais, est-il vrai que j'ai mérité la peine qu'on veut m'infliger ?

» Votre justice, messieurs, ne vous permettra pas d'isoler ma conduite des circonstances dont je me suis vu environné.

« Les événemens de 1815 ont été pourtant extraordinaires. Il ne faut donc pas juger ce qui a été fait sous leur influence, par une législation qui n'a eu en vue que le maintien de l'ordre dans les tems ordinaires.

» Aussi nous avons vu que le roi, dans sa sagesse, a puni seulement de l'exil, les individus compris dans la deuxième liste de l'ordonnance du 24 juillet. Cependant l'ordonnance les présente comme *les auteurs et instigateurs du retour de l'usurpateur*, et il les accuse d'avoir *attaqué la France et son gouvernement à main armée.*

» Les régicides ne sont qu'exilés ! et moi qui ai fidèle-lement servi mon prince et mon pays jusqu'au 18 juin, moi qui ai lutté pendant deux mois entiers pour la cocarde blanche contre la cocarde tricolore, pour l'ordre contre les insurrections populaires, moi qui n'ai cédé que dans l'espoir de sauver la colonie de ses propres fureurs, et de la soustraire au machiavélisme des anglais, je serais puni de mort !

» Non MM., le premier caractère de la justice est de proportionner les peines aux délits, vous ne punirez donc point une faute si évidemment excusable et déjà si cruelle-ment expiée, plus sévèrement que ne l'ont été des crimes et des attentats qui semblaient irrémissibles.

» Voilà pourquoi je n'ai pas cessé d'invoquer la clémence de mon roi, voilà pourquoi MM. j'en appelle à nos plus in-times pensées ; vous n'êtes pas seulement juges, vous êtes jurés ; vos consciences ont un pouvoir discrétionnaire, j'espère que vous en userez pour mon salut.

» Je ne crains point la mort MM., je l'ai souvent affrontée de sang-froid. Votre président peut m'en rendre le témoi-gnage, mais je chéris l'honneur, et je serais au comble de mes vœux, si quelque jour, il m'était donné de réparer un instant d'erreur et de prouver à mon roi que j'ai con-servé au fond de mon cœur tous les sentimens d'un fidèle sujet.

» C'est dans ces sentimens, MM., que j'attends votre arrêt. »

Ce discours, prononcé d'une voix ferme et avec l'accent du sentiment, produit la plus vive impression.

M. de Linois se lève ensuite. Il se borne à dire : Je m'en réfère à l'intime conviction dont j'aime à espérer que j'ai pénétré le conseil, que, jusqu'au 19 juin, j'ai été fidèle à mon roi, à l'honneur. Si, depuis cette époque des actes publics n'ont pas contenu l'expression de ces sentimens, ils n'en ont pas moins régné au fond de mon cœur. Monsieur le président, messieurs, monsieur le rapporteur, permettez-moi de vous adresser mes remercîmens, pour les facilités que vous m'avez accordés de parvenir à ma justification, et pour les égards personnels dont vous avez daigné m'honorer.

M. le président annonce que le conseil va délibérer. Il est sept heures moins un quart.

A dix heures et demie la séance est reprise.

M. le président. Le conseil va prononcer son jugement; je défends de nouveau tout signe d'approbation ou d'improbation ; j'ordonne à la force armée d'arrêter quiconque désobéirait.

M. le président prononce ensuite le jugement suivant :

Le conseil délibérant à huis-clos en présence seulement de M. le procureur du roi, M. le président a posé les questions ainsi qu'il suit :

Charles-Alexandre-Léon comte Durand de Linois, contre-amiral, ex-gouverneur de la Guadeloupe, a-t-il connu officiellement qu'il était sous les ordres de M. le comte de Vaugiraud, gouverneur-général des Antilles françaises, et s'est-il rendu coupable d'insubordination envers son supérieur?

Le contre-amiral de Linois est-il coupable d'être auteur, fauteur ou instigateur de la révolte qui, le 18 juin, a fait passer la colonie de la Guadeloupe sous l'autorité de l'usurpateur?

Le contre-amiral de Linois, en reprenant, le 19 juin 1815, le commandement supérieur de la colonie de la Guadeloupe sous les couleurs de l'usurpation, a-t-il manifesté ultérieurement qu'il ne l'avait accepté que dans l'intention de la remettre sous l'autorité du roi ?

Le contre-amiral Linois a-t-il été libre d'exécuter cette intention?

Les voix recueillies sur ces questions, en commençant par le grade inférieur et par le moins ancien dans chaque grade, M. le président ayant émis son opinion le dernier, le conseil de guerre permanent déclare à l'unanimité sur les deux premières questions, que le contre-amiral Durand de Linois n'est pas coupable; sur la troisième question, aussi à l'unanimité, que le contre-amiral Linois n'a repris ses fonctions que dans l'intention de remettre la colonie sous l'autorité du roi; et sur le quatrième, qu'il n'a pas été libre d'exécuter cette intention.

Le conseil délibérant également à huis clos et en présence seulement de M. le procureur du roi, M. le président a posé les questions suivantes :

Eugène-Edouard Boyer, baron de Peyreleau, adjudant-commandant, ci-devant commandant en second de la Guadeloupe, est-il coupable d'insubordination envers son supérieur le comte Durand de Linois, gouverneur-général de la Guadeloupe ?

L'adjudant commandant, baron Boyer de Peyreleau, ci-dessus qualifié, est-il coupable d'être auteur, fauteur et instigateur de la révolte qui, le 18 juin 1815, a fait passer la colonie de la Guadeloupe sous la domination de l'usurpateur ?

Les voix recueillies sur ces deux questions dans la forme ci-dessus indiquée, le conseil permanent déclare sur la première question, à l'unanimité, que l'adjudant-commandant Eugène-Edouard, baron Boyer de Peyreleau, est coupable.

Sur la deuxième question, à l'unanimité que l'adjudant-commandant baron Boyer de Peyreleau est coupable.

Sur quoi M. le procureur du roi a fait son réquisitoire pour l'application de la peine à l'égard du baron Boyer de Peyreleau, et pour l'application de la loi à l'égard de M. le contre-amiral comte Durand de Linois.

Les voix recueillies de nouveau, comme ci-dessus,

Le conseil permanent de la première division militaire, faisant droit au réquisitoire de M. le procureur du roi, déclare à l'unanimité que M. Charles-Alexandre-Léon comte Durand de Linois, contre-amiral, ex-gouverneur-général de la Guadeloupe, est acquitté des accusations dirigées contre lui, conformément aux articles 31 et 37 de la loi du 13 brumaire an 5, *dont il est fait lecture*, ordonne qu'il sera de suite mis en liberté et rendu à ses fonctions.

Le conseil, faisant également droit au réquisitoire de

M. le procureur du roi, condamne à l'unanimité Eugène-Édouard baron Boyer de Peyreleau, adjudant-commandant, ex-commandant en second de la Guadeloupe, chevalier de Saint-Louis, officier de la légion-d'honneur, en réparation des délits d'insubordination et de révolte, dont il demeure convaincu, à la peine de mort.

Ladite peine prononcée en conformité de l'article 33 du titre 8 du Code pénal militaire du 21 brumaire an 5, *dont il est fait lecture.*

M. le rapporteur ayant ensuite requis la dégradation de M. le baron Boyer de Peyreleau, comme membre de la légion d'honneur, cette dégradation a été prononcée par M. le président dans le cas de non pourvoi en révision, après l'expiration du délai fixé par la loi, et en cas de pourvoi, aussitôt après le renvoi de la procédure et du jugement de confirmation.

Telle est la décision rendue par le conseil de guerre. Il ne nous appartient point de soumettre à nos réflexions cet acte solennel, mais qu'il nous soit permis de donner une idée des séances dans lesquelles il a été préparé et dont il est le résultat.

Jamais l'austère majesté de la justice n'avait été tempérée par des formes plus rassurantes pour l'innocence, plus consolantes pour le malheur.

Le digne président de ce noble tribunal, dans les questions adressées aux témoins et aux accusés, n'a montré que l'intention de chercher franchement que la vérité et le désir qu'elle fût favorable à ceux qui étaient soumis à cette épreuve. Il est impossible de mettre plus de présence d'esprit et de méthode dans un procès aussi compliqué de détails. Le conseil tout entier paraissait animé des mêmes sentimens que son président.

Le jeune militaire qui y siégeait comme rapporteur ne s'est pas moins fait distinguer dans les fonctions importantes et difficiles qui lui étaient confiées.

Il a laissé aux pièces matérielles le pénible soin de l'accusation et il a disputé aux accusés le droit de les défendre. Cette délicatesse n'est comparable qu'au rare talent avec lequel il a exposé et discuté les faits du procès.

Les témoins n'ont pas perdu de vue les exemples de réserve et de modération que leur offrait le tribunal. Si leur conscience n'a pas laissé échapper tout ce qu'elle renfermait, c'est dans le sens de l'accusation qu'on a pu trouver quelques réticences. Tout ce qui pouvait être avantageux pour les accusés a été dit avec un empressement remarquable.

Le comte Linois et le baron Boyer se sont comportés avec autant de dignité que de respect. Leurs discussions avec les témoins ne sont jamais sorties des convenances. On n'a entendu aucun signe de ressentiment, d'irascibilité ou de récrimination.

Tout a donc contribué à donner un caractère auguste et solennel aux séances du conseil de guerre, où l'on avait admis une nombreuse et brillante assemblée.